삐지는 미치지 않았다

여자의 마음 이해하기

렙 브래들리 지음 | 윤주란 옮김

KB208479

홈앤에듀

It Turns Out... Women AREN'T Crazy:

Understanding the Mind of A Woman / Reb Bradley

Originally published in the USA by Family Ministries Publishing
under the title It Turns Out... Women AREN'T Crazy:
Understanding the Mind of A Woman
Text Copyright © 2023 by Reb Bradley
All rights reserved

Korean Edition published by Home&Edu in 2025
Translated and used by permission of Family Ministries Publishing
Printed in Korea.

"

나의 아내 베벌리에게 이 책을 바칩니다.

그녀는 수십 년간 나의 무지함을 인내하며,

내가 그녀의 생각과 감정을 이해할 수 있도록

가르쳐주었습니다. 그 가르침이 이 책의 기초가 되었습니다.

그리고 집필을 잘 마칠 수 있게 여러모로 도와주었습니다.

"

　많은 남성이 여성의 마음을 이해하기 어려워합니다. 이 책은 남편이 아내의 마음을 깊이 이해할 수 있도록 돕습니다. 왜 아내가 작은 일에도 쉽게 상처받고, 때로는 비논리적으로 보이는지, 그리고 아내의 친구들은 어떻게 아내의 감정을 그리도 잘 이해하는지를 설명하며, 남편이 아내의 내면을 더욱 잘 통찰할 수 있도록 돕습니다.

　저자가 전하는 지혜는 단순한 이론에 그치지 않습니다. 50년 가까운 세월 동안 아내를 통해 여성의 사고방식과 감정의 흐름을 배우고 깨달음을 얻었으며, 동시에 성경이 남편들에게 주는 교훈을 깊이 연구해 왔습니다. 이러한 풍부한 경험과 통찰을 바탕으로, 저자는 실제로 많은 남성이 어려운 결혼 생활을 회복하는 데 도움이 된 검증된 원리들을 이 책에 담아냈습니다.

결혼 생활은 단순한 논리나 역할 분담만으로 유지될 수 없습니다. 남편이 아내의 감정을 이해하고 공감할 때, 부부 관계는 더욱 깊어지고 견고해집니다. 이 책은 남성이 아내와의 관계에서 겪는 오해와 갈등을 줄이고, 사랑과 신뢰가 넘치는 결혼 생활을 유지할 수 있도록 실질적인 지침을 제공합니다. 단순한 감정 분석을 넘어, 아내의 마음을 여는 방법과 서로 더 가까워질 수 있는 실제적인 방안을 제시합니다.

아내의 마음을 이해하는 것이 어렵다고 느껴진다면, 이 책을 통해 새로운 시각을 얻고 결혼 생활에 긍정적인 변화를 불러올 수 있을 것입니다.

발행인

목차

1장

여자는
왜 그럴까?

아내는 미치지 않았다.
다르게 창조되었을 뿐이다.

♥

　인류 역사의 시작부터 남자는 여자로 인해 당혹
스러운 경우가 많았다. 남자는 여자를 사랑한다. 그
리고 남자는 여자가 필요하다. 하지만 여자를 이해
하는 남자는 거의 없다. 많은 남자들은 여자를 감정
적이며 비이성적인 존재로 인식하기 때문에, 이해
할 수 없고 종잡을 수 없다고 생각한다.

　이 미스터리는 어린 시절부터 시작된다. 남자아
이는 좋아하는 여자아이가 어떤 때는 친근하다가
도 갑자기 왜 차갑게 구는지 궁금하다. 소년은 자
신을 괴롭히며 성가시게 하는 여동생의 행동을 멈
추게 하려고 한 대 쥐어박으면 왜 화를 내는지 모른

다. 아들은 엄마가 거의 항상 따뜻하게 보살펴주다가, 예기치 못한 순간에 시한폭탄처럼 폭발하는지 알 수가 없다.

소년이 자라서 어른이 되어 여성들과 더 친밀한 관계를 맺게 되면서 여성에 대해 점점 더 '왜지?', '도대체 뭐지?' 하는 의문이 생긴다. 아내나 여자 친구의 진심 어린 질문이 덫이 되기도 한다. 예를 들어, 한 여성이 "나 예뻐?"라고 묻는다면, 그녀는 솔직한 대답을 원하는 것이 아니다. 만일 그녀가 "나 사랑해?"라고 물었을 때, 단순히 "응"이라고 한다면 오답일 가능성이 있다. "내가 죽으면 다른 여자랑 결혼할 거야?"라고 묻는다면, 다른 사람을 언제쯤 찾을 거라는 말을 듣고 싶지는 않을 것이다. 또 "이 옷, 좀 뚱뚱해 보이지 않아?"라는 질문을 받으면, 아마도 진실한 대답을 원할 수도 있지만, 그렇지 않을 수도 있다. 그래서 대부분의 남성은 이런 질문을 두려워한다.

비록 여성이 남성을 혼란스럽게 할 때도 있지만, 그들은 본성에 따라 살아가는 단순한 존재이기 때문에 여성에게 계속 끌리게 된다. 거의 모든 남자들은 보상만 받는다면 위험을 감수할 가치가 있다고 생각한다.

수년간 수백 명의 남성을 대상으로 조사하면서, 남자들이 왜 여성을 비이성적이라고 느끼는지 물었다. 수집한 답변 중 가장 흔한 내용을 아래에 나열해 두었다. 만일 여성들이 이 답변을 읽는다면 화가 나는 여성이 있을 수도 있다. 왜냐하면 여성은 여성 자신의 관점을 완벽하게 이해하기 때문이다. 하지만 여기서는 여성의 비이성적인 논리를 알리려는 게 아니라 단순히 남자의 관점을 전달하고자 하는 것이다.

다음에 나열된 모든 예시의 배후에 있는 여자들의 마음을 남자들이 이해할 수 있기를 소망한다. 그것이 사실, 이 책의 결론이다.

여자들은 이상해...

여자가 무슨 일 때문인지 확실히 기분이 안 좋아 보일 때, 남자가 "무슨 일이야?"하고 물으면, "아무 일도 아니야."라고 대답한다. 화난 게 분명한데, 화난 게 아니라고 고집한다.

여자는 몇 시간 동안 불평을 늘어놓고 남자를 비판하면서, 남자가 여자의 말을 '불평'이라고 간주하면, 여자는 남자가 불평을 늘어놓는다며 또 남자에게 화를 낸다.

여자는 "사랑해"를 말하고, 바로 다음 순간에 남자에게 불같이 화를 낸다.

여자는 남자가 어떤 말이나 아무 행동도 하지 않았는데, 남자에게 화가 나 있다.

여자가 화나서 공격하고, 남자가 침묵을 선택한다면, 여자는 더 화를 낸다.

만일 여자가 질문을 하고 진실한 대답을 원할 때, 남자가 진실하게 대답하면, 여자는 화를 낸다.

여자가 생일에 아무것도 갖고 싶은 게 없다고 말해서 정말 아무것도 준비하지 않으면 화를 낸다.

만일 여자가 남자의 잘못을 비난하며, 그 사건을 증명하려고 잘못된 사실을 얘기할 때, 남자가 그게 아니라고 증명하면 화를 낸다.

남자가 숙면을 하고 있는데, 여자는 잠을 못 자겠다며 남자를 깨운다.

여자가 1분이면 준비가 끝난다고 말할 때마다, 적어도 20분은 더 걸린다.

여자가 "지금 무슨 생각해?"라고 물을 때, 남자가 "아무 생각 안 해."라고 말하면, 틀린 대답이다.

여자가 남자에게 사랑한다며 시간을 함께 보내고 싶다고 서둘러 집에 오라고 해서 집에 가면 왜 더 빨리 오지 않았냐고 화가 나 있다.

우리 남성에게 여성은 아주 매혹적이지만 무서운 존재이다. 그렇다. 남자는 여자를 사랑하고 또 필요로 하며, 여성을 이해하고자 하는 의욕도 강하지만 남자들에게 여자는 풀리지 않는 미스터리다.

내가 여자를 배운 법

베벌리와 나는 15년의 결혼 생활을 정말 행복하게 보냈다. 흥미로운 점은 우리가 결혼한 지 50년 가까이 되었다는 것이다. 만일 여러분이 수학을 좀 한다면 우리 결혼생활 중 일부는 그렇게 행복하지 않았다고 추정할 수 있겠다. 하지만 오해는 하지 않길 바란다. 우리는 함께 한 인생 대부분의 시간을 행복하게 보냈다. 35년 전에 우리는 '결혼 생활의 행복 Happiness in Marriage'이라는 세미나를 열었다. 하지만 우리가 결혼 생활에서 느끼는 '더없는 행복 marital bliss'을 경험한 것은 그보다 더 시간이 흐른 지난 15년간이었다.

'단순한 행복'에서 '더없는 행복'으로의 전환점은 아내가 비이성적인 존재가 아니라는 것을 마침내 이해했을 때였다. 결혼을 하고도 몇십 년 동안 나는 아내가 정서적으로 불안정하다고 생각했다. 여성의 행동 양상을 연구했고 남녀의 차이에 대해 가르치기도 한 나였지만, 솔직히 아내의 마음을 이해하지 못했다. 남성과 여성의 두뇌가 다르게 설계되었다는 것을 깨닫고 나서야 비로소 아내를 온전히 받아들이고 또 제대로 감사할 수 있게 된 것이다.

내가 이 책에서 나누고자 하는 것은 대학원에서 배운 것도 아니고 이 주제에 관한 유명 서적에서 찾은 내용도 아니다. 이 책을 통해 여성의 마음에 관해 나누는 이 이야기들은 수십 년 동안 아내에게 직접 들은 말들에서 얻은 결과물이다. 베벌리는 사려 깊고도 통찰력 있는 사람으로, 수천 명의 여성들이 아내에게 공유한 어려운 마음을 잘 이해한다. 또 자기의 마음 상태도 잘 아는 사람이다. 아내는 뛰어난 통찰력뿐 아니라 표현력도 명확하고 좋아서, 여성들이 남자들에게 왜 그렇게 말하는지 내가 이해할 수 있게 도와주었다.

우리의 결혼 생활에서 아내는 남자인 내가 여성과 소통할 때 놓칠 수 있는 사각지대를 보여주려고 많은 노력을 했다. 예를 들어, 내가 아내에게 공격적으로 들릴 수 있는 말을 하면, 아내는 "당신이 정말 내게 하고 싶은 말은 이거죠?"라고 말하곤 했다. 그러면 나는 종종 "내가 그런 뜻으로 말한 것 같아?"라고 반문했다. 아내는 여자로서 남편의 대화 방식이 그렇게 느껴진다고 설명해주었다. 그러면 나는 아내의 마음을 이해하고 배우게 된 내용을 기록하여 이후 아내와 대화할 때 적용하려고 했다. 하지만 남성과 여성의 사고방식이 다르기에, 내가 여자처럼 생각하는 것은 불가능했고, 그만큼 배우는 과정도 더뎠다. 그러나 아내가 친구들과 소통하는 모습을 보면서 서로의 언어를 자연스럽게 이해하는 것을 발견했고, 이를 관찰하며 점차 배워 나갔다.

베벌리는 내가 여성들과 의사소통을 잘하도록 도와주었을 뿐만 아니라, 함께 영화를 볼 때도 많은 도움을 주었다. 집에서 영화를 보다가 내가 종종 일시 정지를 누르고 이해가 안 되는 부분에 대해 질문을 하면, 아내는 여자 등장인물이 하는 행동의 이유를 설명해 주었다. 영화를 보는 시간은 토론 시간으로 인해 길어졌지만 아내가 여성의 생각을 나에게 교육할 수 있는 시간이었다. 교육을 위해 필요했던 이 시간들을 통해 나는 다른 남성들이 여성을 이해하도록 돕는 사람이 될 수 있었다. 그리고 아내를 이해하게 되면서 남편은 아내를 사랑하고 보호해야 한다는 성경 말씀이 어떤 말씀보다도 마음에 와닿았다.

전제

나는 하나님이 남자와 여자를 각각 고유한 특성을 갖도록 만드셨다고 믿는다. 또한 모든 성경은 하나님의 감동으로 쓰여졌으며, 나는 그 말씀의 권위에 의지하여 살아가는 사람으로, 이 책은 창세기 1장에 뿌리를 두고 있음을 밝힌다.

> 하나님이 자기 형상 곧 하나님의 형상대로 사람을
> 창조하시되 남자와 여자를 창조하시고 (창세기 1:27)

성경에 따르면, 하나님께서는 그의 형상대로 사람을 지으셨는데, 두 가지 다른 성으로 창조하셨다. 그는 자신의 모습을 남성과 여성에게 각각 부여하셨다. '자기 아내가 자기보다 연약한 여성이라는 것을 잘 이해하고 함께 살아가며^{베드로전서 3:7 공동번역}'라고 남자에게 명령하신 것은 남성과 여성이 분명히 다른 특성을 가지고 있다는 뜻이다. 하나님이 의도하신 계획에 따라, 여성은 남성과는 다르게 생각하고 행동한다. 따라서 베드로전서 3장 7절 말씀으로 볼 때, 남편이 아내를 바르게 사랑하기 위해서는 아내를 이해하기 위해 부단히 노력해야 하는 것이다.

하나님께서는 성경에서 우리가 자연스럽게 할 수 있는 것을 명령하시지 않았음을 기억하자. 우리에게 숨을 쉬거나 잠을 자라고 명령하지 않으신다. 아내를 이해하라는 명령을 통해 볼 때 아내를 이해하는 것이 남자에게 타고난 자연스러운 행동이 아님을 알 수 있다. 이 책은 남편이 아내를 '이해하며' 살아가도록 돕고자 하는 구체적인 목적을 가지고 준비되었다.

여성 독자들에게

이 책을 읽는 여성분들에게 몇 마디 말을 전하고 싶다. 이 책은 남자를 위해 쓰였기에 대부분의 남성이 어떻게 생각하는지에 맞추어 내 생각을 표현했다. 자신이 동의할 수 없는 부분을 일반화된 진술로 표현해 불쾌감을 느낄지도 모르겠다. 그렇지 않을 수도 있지만 말이다. 만일 당신이 여성 독자라

면, 이 책에 표현된 내용이 남성을 돕기 위해 남성
들의 관점과 생각에서 쓰여진 것임을 기억해주길
당부한다.

남성 독자들에게

여러분은 책을 읽어 나가면서 동일한 몇 가지 개
념이 반복되는 것을 발견할 수 있을 것이다. 같은 개
념을 반복한 이유는 이 책에서 전달하고자 하는 이
야기가 낯설고 많은 남성에게 추상적일 수 있기 때
문에, 반복 학습을 통해 효과를 강화하고자 의도한
것이다. 그리고 그보다 더 중요한 이유가 하나 있는
데 아내들이 발견한바, 우리 남자들은 한번 말해서
는 못 알아듣는 경우가 대부분이기 때문이다.

1장에서 우리는 무엇을 배웠는가?

1. 인류의 한 종인 여자와 남자는 '다르게' 설계되었을 뿐, 선천적

으로 '잘못된' 것은 없다.

2. 여자와 남자는 각각 하나님의 다른 측면을 담아 창조되었다.

3. 남자는 여자와 다르기 때문에 남편은 아내를 이해하기 위해 노력해야 한다.

4. 하나님께서 남자에게 여자를 이해하라고 명령하셨다면, 그 일은 하나님의 도우심으로 분명히 가능한 일이다.

사랑하는 형제여, 이렇게 기도하세요.

하나님 아버지,

저에게 귀한 아내를 허락하셔서 감사드립니다. 제가 아내를 알도록 도와주시길 기도합니다. 아내를 바라볼 때 하나님 아버지의 눈으로 바라보며, 아내의 마음을 이해하도록 해주세요. 저를 향한 아버지의 크신 사랑을 제가 깨달아 알도록 하셔서, 아버지의 사랑을 아내에게 넘치게 부어줄 수 있길 간절히 소망합니다. 저를 통해 아내가 아버지의 사랑을 받아, 아버지 하나님과 더 깊은 사랑에 빠지기를 원합니다. 예수님의 이름으로 기도합니다. 아멘.

2장

여자 마음
탐구하기

아내는 미치지 않았다.
아내를 이해하는 것은 가능한 일이다.

♥

　남자끼리 하는 농담으로 여자의 마음은 한 치 앞
도 모르겠다고 한다. 남자가 여자를 이해할 수 있을
지에 대한 생각을 비꼬는 듯한 유머러스한 밈^{meme,}
^{짧은 영상, 짤}이 넘쳐난다. 안타깝게도, 남성에게 여성은
이상하고, 호르몬에 쉽게 영향을 받으며, 비이성적
이라고 묘사된다. 한 유명한 밈으로 이런 것이 있
다. 한 남자가 붐비는 교실 앞에서 거대한 칠판에 그
려진 수학적 코드를 해독하고 있는 모습을 보여준
다. 그리고 자막에 '이 수업은 여성의 마음을 이해하
는 첫 번째 단계다'라고 나온다. 다른 밈에서는 TV
캐릭터로 등장하는 AI 본디가 다음과 같이 경고한

다. "일 년에 한 번, 여성들은 약 365일 정도 이상하다". 또, 미국 코미디언 W.C.필즈의 사진과 함께 "모든 여자가 이상하다는 것은 의심의 여지가 없다. 다만 정도의 차이다."라고 하는 것도 유명하다. 태초부터 남자가 여자들에 대해 무지했기 때문에 모든 여자가 감정적으로 불안정하다는 결론에 이르렀다고 나는 생각한다.

> **여성의 마음에 대한 신비를 푸는 것은
> 모든 남자가 탐구해야 할 문제이다.**

대다수 남자의 눈에는 여자가 비이성적인 사람으로 비친다. 그러나 여자는 하나님의 형상대로 창조되었으며[1], 여자 마음의 신비를 푸는 것은 모든 남자가 탐구해야 할 문제이다. 그러한 통찰력을 가진다면, 남성은 아내 뿐만 아니라 그의 어머니, 딸, 여

---

1. (빌립보서 1:9) 내가 기도하노라 너희 사랑을 지식과 모든 총명으로 점점 더 풍성하게 하사

자 형제, 여성 동료들까지 이해할 수 있을 것이다.

빌립보서 1장 9절에 사도 바울은 사랑이 총명insight, 통찰력으로 더욱 풍성하게 될 것이라고 편지했다. 나는 사랑하는 사람을 통찰함에 따라 우리의 공감 능력이 향상된다는 것을 알게 되었다. 내가 목격한 바로, 한 남자가 아내에 대한 이해가 커질 때, 아내를 사랑하는 마음 역시 커졌다.

탐구하기

일본에 사는 친구가 수년 동안 일본에 거주하는 미국인들을 위해 미국 식품을 수입하는 일을 했다. 어느 날 그는 유명 출판사로부터 연락을 받았다. 미국인 사업가를 위한 책을 써줄 수 있겠냐는 부탁이었다. 듣자 하니 일본 문화를 잘 이해하지 못해 미국인 사업가들이 일본인과 거래에서 고의는 아니지만 계약이 잘 안되는 경우가 많다는 것이었다. 미국인의 협상 방식은 강하게 시작하여 바로 상대방에게 마지노선을 제안하는 것이다. 이러한 방식은 일본인들에게는 효과적이지 않았다. 오히려 반감만 불러일으켰다. 결과적으로 미국인들은 아시아에서의 큰 비즈니스 거래를 망치곤 했다.

미국 사업가들이 문화 장벽을 이해하고 극복하는 데 관심이 있었다고 생각하는가?

물론 그렇다! 그들은 성공하기를 원했다. 그들은 아시아 문화를 이상하게 여기거나 잘 안되었다고 제품 판매를 위한 다른 시장을 선정하지 않았다. 사업가들은 다른 문화를 더 잘 이해하는 것이 더 나은 결과를 가져다줄 것임을 알게 되었다. 사업 성공을 위해 다른 문화권의 사람을 이해하려는 동기부여가 되었다면, 남편이 아내를 이해하고자 하는 동기는 훨씬 더 커야 한다.

인류의 다른 한 종으로서 여성은 우리 남자와는 아주 다르게 생각하고 행동하도록 설계되었기에 다른 세계 사람처럼 보인다. 여성이 생각과 감정을 처리하는 방법은 남자들에게 상당히 이질적이다. 대부분의 여성이 무언의 의사소통을 해석하는 방법은 남성과는 엄청난 차이가 있다. 왜냐하면 여성은 남성과 다른 본성을 부여받았기 때문에, 남성들은 여성의 의사소통법과 또 그녀의 언어를 어떻게 해석해야 하는지 알 수가 없다.

남성과 여성의 차이는 결혼 초반에 내게 정말 현실적으로 다가왔다. 내가 아내를 감정적으로 불안정하다고 느끼기 시작한 것은 결혼하고 몇 달 밖에 지나지 않아서였다. 아내는 뚜렷한 이유 없이 내게 화가 나 있곤 했다. 내가 아는 다른 여자들도 있지만, 이렇게 예측 불가능하게 행동한다고 느낀 적은 없었다. 내 여자 형제들이 이렇게 비이성적이었나 싶었다.

결혼 초창기에 내 아내는 절망적인 표현이 잦았고 나는 그녀의 감정 상태를 종잡을 수 없었다. 결혼 전에 그녀는 나에게 짜증조차 낸 적이 없었기 때문에, 아내의 이런 면을 보며 나는 충격을 받았다.

그리고 어떻게 대응해야 할지 아무런 준비도 안 된 무방비 상태였다. 나는 아내를 향해 화를 내거나 적대감을 표현한 적이 없었기에 아내의 분노와 비난이 부당하다고 느꼈다. 결혼한 지 일 년도 채 되지 않아 하나님께서 아내를 본향으로 데려가더라도 불평하지 않겠다고 말하고 있는 나 자신을 발견했다. 나의 생에 이혼이란 없다는 신념이 있었기에, 아내가 천국으로 가는 것이 아니라면 내게 남은 유일한 선택사항은 *생존하며* 그녀와 함께 인생을 사는 것이었다. 만일 아내가 하나님 나라에 거한다면 나는 '정상적인' 여자를 만나 결혼할 수 있을 거라 생각했다. 나는 아내의 행동이 불안한 감정에 뿌리를 두고 있지 않다는 것과 관계, 특히 남편과 아내의 관계에 대해 배워야 할 것이 많다는 것을 알지 못했다. 그리고 하나님께서 우리가 함께 이루어 갈 아름다운 미래를 계획하셨다는 것을 몰랐다.

비극적이게도, 어쩌면 이 글을 읽는 많은 남성이

결혼 생활에서 이런 *생존 심리*로 살아가고 있을지 모른다. 그들은 그때의 나처럼 아내로 인해 너무나 좌절하여 하루하루를 겨우 견디고 있을 것이다. 그런 남편들은 아내가 자기의 마음을 쏟아내기 시작하면, 자신을 향한 이 '불평' 혹은 '공격'이 언제 끝날지만을 궁금해 하며 그 시간을 버티게 된다. 만일 이런 관점으로 살아가고 있다면, 당신의 결혼 생활은 점점 더 비참해질 것이다. 우리의 목표는 단순히 아내를 참아내는 것이 아니라 아내를 이해하는 것이고, 아내를 진정으로 이해하게 될 때 우리의 사랑은 더 견고하고 풍성하게 될 것이다.[2]

행복이 가득한 결혼 생활은 단순히 생존하거나 참아내는 것이 아니라 서로를 온전히 기뻐하는 것이다. 에베소서 5장 25절을 보면 남편들에게 '아내 사랑하기를 그리스도께서 교회를 사랑하심 같이 하라'고 했지, '아내 견디기를 그리스도가 교회를 견디

---

2. (빌립보서 1:9)

심 같이 하라'고 하지 않았다.[3] 사랑하는 것은 견디
는 것 이상의 가치와 능력이 있다.

여자는 이해받기를 갈망한다

여자의 마음을 탐구하는 것은 모든 남자가 해야
할 일이다. 당신의 아내가 얼마나 당신의 이해를 간
절히 바라고 있는지 알고 있는가? 아내가 남편에게
하는 이야기의 대부분은 자신의 생각이나 감정을
이해해 주기를 바라는 마음에서 하는 것이다.

놀랍지 않은 사실이겠지만 이 책을 구입한 사람
도 남성보다 여성이 많을 것이다. 여성들이 이 책을
구입한 이유는 여자들의 마음을 얼마나 대변해 주
었을까 하는 궁금증 때문일 수도 있지만, 아마도 남
편이 읽어보길 바라는 마음에서 구입했을 거라 생
각된다. 당신에게 이 책을 선물한 사람이 아내라면,
이해받고 싶어 하는 아내의 그 마음이 얼마나 간절

---

3. (에베소서 5:25) 남편들아 아내 사랑하기를 그리스도께서 교회를 사랑하시고 그 교
회를 위하여 자신을 주심 같이 하라

한지 기억하길 바란다.

결혼에 대한 컨퍼런스에 참석해 도서 판매대에서 내가 쓴 책을 앞에 두고, 내가 남자들을 대상으로 여자에 대해 어떤 걸 가르치는지 설명한 적이 있다. 만난 여성들 모두가 누군가 자신을 이해한다는 것을 느끼자 감정이 격해지는 것을 보았다.

한번은, 남편들을 위한 컨퍼런스에 참석하고 집으로 돌아오는 비행기에서 내 옆자리에 앉은 젊은 여성이 내게 어디로 가는지 말을 걸었다. 나는 컨퍼런스에서 남편들을 대상으로 아내를 사랑하는 것에 대한 강연을 마치고 돌아가는 길이라고 설명했다. 그것은 아주 중대한 대화의 물꼬를 트는 계기가 됐다. 그 여성은 내 말을 무척 흥미로워했다. "남편들에게 무슨 이야기를 하셨나요?" 나는 내가 아는 선에서 여성이 생각하고 느끼는 것, 그리고 아내들이 얼마나 남편들에게 이해받기를 바라는지에 대해 말했다. 내 말을 들으며 그 여인은 눈물을 흘리기 시작했다. 그녀는 다른 대부분의 아내들과 다르지 않았다. 이해를 얻고 싶은 마음이 간절했기에, 이해받았다고 느껴지자 눈물이 났던 것이다.

이 여성의 경우, 남편과 결혼 생활에 문제를 겪으며 별거한 지 2주가 된 상황이었다. 그녀는 도움을 원했다. 며칠 뒤 그녀의 남편이 아내에게 건네받은 연락처로 전화를 걸어왔다. 만나서 상담을 하기로 약속을 잡고, 그전에 나의 강연 영상 '여자 마음의 수수께끼 풀기 Unraveling the Mysteries of the Female Mind'[4]를 꼭 보고 오라고 했다. 그는 그 강연 영상 하나로 큰 영향을 받았고, 상담이 거의 필요 없게 되었다. 내가 알기로 그 부부는 수년이 지난 지금도 여전히 결혼 생활을 잘 유지해 가고 있다.

형제여, 아내를 이해하며 함께 살아가는 것을 여러분 인생의 탐구 목표로 삼아라.

---

4. http://www.ultimatehusband.com

2장에서 우리는 무엇을 배웠는가?

1. 아내를 내버려두거나 그냥 견뎌내는 것이 절대 남편들의 인생 목표가 아니다.

2. 남편은 아내를 이해하는 것을 인생의 목표로 삼아야 한다.

3. 아내를 이해하는 것은 부부의 사랑을 회복하는 길이다.

사랑하는 형제여, 이렇게 기도하세요.

하나님 아버지,

저에게 귀한 아내를 허락하셔서 감사드립니다. 제가 아내를 알도록 도와주시길 기도합니다. 아내를 바라볼 때 하나님 아버지의 눈으로 바라보며, 아내의 마음을 이해하도록 해주세요. 저를 향한 아버지의 크신 사랑을 제가 깨달아 알도록 하셔서, 아버지의 사랑을 아내에게 넘치게 부어줄 수 있길 간절히 소망합니다. 저를 통해 아내가 아버지의 사랑을 받아, 아버지 하나님과 더 깊은 사랑에 빠지기를 원합니다. 예수님의 이름으로 기도합니다. 아멘.

3장

관계 지향적으로
창조된 여자

아내는 미치지 않았다.
아내는 관계 필터를 통해 삶을 바라본다.

♥

창세기 2장에서 여성의 마음을 이해하는 열쇠를 찾을 수 있다.

15여호와 하나님이 그 사람을 이끌어 에덴 동산에 두어 그것을 경작하며 지키게 하시고
18여호와 하나님이 이르시되 사람이 혼자 사는 것이 좋지 아니하니 내가 그를 위하여 돕는 배필을 지으리라 하시니라

15절 말씀을 보면, 하나님께서 아담을 창조하시고 에덴동산을 돌보며 일하는 과업을 부여하셨다.

즉, 아담은 사명과 목적을 가지고 창조된 것이다. 18절에서는 아담이 혼자서는 사명을 이룰 수 없으며, 성공하기 위해서는 돕는 사람이 필요하다는 것을 알 수 있다. 말씀은 혼자 사는 아담이 외롭다고 말하지 않고 '돕는 배필'이 필요하다고 말하고 있다.

돕는 배필이라는 단어는 히브리어로 '에제르 네게드 ezer neged'인데, 이 두 단어가 함께 쓰일 때 *마주 보고 서거나 주위에 서서 돕는 사람*이라는 의미가 있다. 아담은 사명을 가지고 창조되었다. 그리고 하와는 아담 곁에서 그가 창조 목적을 달성하기 위해 필요한 모든 것을 할 수 있도록 돕는 목적으로 태어났다.[5] 아담은 아내가 없이는 하나님께서 주신 사명을 이룰 수 없었을 것이다. 그리고 이 시대의 남편들도 마찬가지다.

---

5. (고린도전서 11:8~9) 8 남자가 여자에게서 난 것이 아니요 여자가 남자에게서 났으며 9 또 남자가 여자를 위하여 지음을 받지 아니하고 여자가 남자를 위하여 지음을 받은 것이니

다른 목적으로 창조된 남녀

이를 이해하는 한 가지 방법은 아담은 사명을 수행하기 위해 창조되었고, 그것을 위해 하와의 동료애가 필요했다. 그런데 하와는 아담과의 *관계*를 위해 창조되었다.

이러한 성향의 차이는 남녀가 결혼에 대해 근원적으로 다른 관점을 가지게 되는 이유를 설명해 준다. 관계 지향적인 여성은 미래의 남편을 생각하며 "내 마음을 만족시켜 줄 사람, 내 필요를 충족시켜 줄 남자"라고 말한다. 동료애가 중요한 남자는 자신의 팔로 아내가 될 여자의 어깨를 감싸안고 자기 일, 사역 혹은 자신의 취미를 바라보며 "내가 삶의 목적을 향해 나아갈 때 함께할 여자"라고 말할 것이다.

> 남성은 동료애에서 만족을 느끼는 반면
> 아내는 친밀한 관계를 추구한다.

이런 성향의 차이는 지나치게 단순화된 것처럼 보일 수 있지만, 부부 갈등의 주요 원인이 된다. 아내가 *'친밀한 관계'*를 원할 때, 남자들은 *'동료애'*에서 만족을 찾는 경향이 있다. 대부분의 아내들은 왜 자신과는 달리, 남편이 아내와의 친밀함을 원하지 않는지 궁금해한다. 우리는 아내와 함께 먹고, 함께 드라이빙하고, 함께 잠자는 것에서 행복을 느끼지, 아내의 감정을 듣거나 남편 자신의 감정을 공유할 필요는 별로 못 느낀다. 그러나 여성에게 친밀함은 서로 공감대를 형성하며 기분이나 감정을 공유하는 것이다. 친밀함은 상호 신뢰를 바탕으로 자신의 연약한 마음까지 드러낼 수 있는 것으로 여겨진다.

가치와 중요성 찾기

여성이 관계 지향적이라는 말은 남편에게서 가치와 중요성을 찾으려는 경향이 있음을 의미한다. 따라서 아내들은 남편으로부터 오는 감정적 공격이나 상처에 특히 취약하다. 예를 들어 아내가 식사를 준비할 때 단순히 요리하는 것이 아니라 남편과의 관계를 위해 자신을 투자하는 것이다. 만일 식사를 하면서 남편이 아내에게 감사를 표현하거나 긍정의 말을 하지 않으면, 아내는 기분이 상해서 침묵하다가 갑자기 식탁을 치울 수 있다. 남편을 생각하며 장을 보고 음식을 준비했기 때문에 아내는 상처를 받은 것이다. 아내 입장에서 보면 자신은 특별한 무언가를 준비해서 남편에게 선물할 생각에 들떠 있었는데, 남편은 선물을 받고 아무 말도 하지 않은 상황이 되고, 남편 입장에서는 자신이 나쁜 말을 하거나 비판적인 말을 하지도 않았는데, 아내가 그렇게 반응하니 혼란스럽고 이상하다고 느낀다. 아내는 긍정적인 반응에 대한 필요가 채워지지 않아 상처를 받았다. 바로 남편의 침묵이 그 상처를 만든 것이다.

　아마 다음 예시는 당신이 아내를 이해하는데 더

도움을 줄 것이다.

당신이 친구가 만들어준 치즈버거를 먹고 있다고 가정해 보자. 당신이 친구에게 "이 고기 어디서 샀어?"라고 묻는다면, 아마 친구는 "세이프웨이Safeway, 미국의 슈퍼마켓"라고 한 마디로 대답할 것이다. 그러면 당신은 "그렇구나."라고 말하고 먹던 버거를 계속 먹을 것이다. 하지만 같은 상황이 아내와 함께 있을 때 일어났다고 가정하자. "여보, 이 고기 어디서 샀어?"라고 물었을 때, 아내는 걱정스러운 표정으로 물을 것이다. "왜, 맛이 이상해?"

친구는 어떤 가치나 중요성을 바라며 당신에게 의존하고 있는 것이 아니기 때문에, 당신의 질문에 기분이 나쁘지 않다. 친구는 어떤 고기 맛이 우리를 행복하게 하는지에 관심이 없다. 반면 아내는 당신과의 관계에 투자하는 것이기 때문에, 자신이 만들어 준 음식을 남편이 좋아하지 않으면 마음에 담아 두게 된다.

우리는 아내를 세울 힘도 가졌고, 무너뜨릴 힘도 가졌다.

하나님께서 여자를 관계 지향적으로 지으셨다는 것은 여성이 남편과의 관계뿐만 아니라 다른 사람과의 관계에도 중요한 의미를 부여한다는 것을 말한다. 여자는 자신의 여자 친구들과 관계에서도 가치와 중요성을 찾는다. 공공장소에서 두 여성이 같이 화장실에 가는 것은 의문이다. 식당에서 한 숙녀가 일어나 "나 화장실 갈 건데, 같이 갈 사람?"이라고 말하면, 여자 친구들은 종종 "응, 같이 가자."라고 말하며 함께 간다. 남자들과는 대조적인 모습이다. 만일 내가 남자들과 식당에 있다가 일어나서 화장실을 가며 어떤 남자에게 같이 가자고 하면 그건 굉장히 이상하고 어색한 일일 것이다. 남자끼리는 절대 화장실 파트너가 되고 싶지도, 될 필요도 없다. 아내들은 관계 지향적이지만 우리 남편들은 그렇지 않다.

창세기 1장 27절에 하나님께서 사람을 그의 형상대로 지으셨다고 말씀하실 때, "남자와 여자를 창조하시고"라고 명시한다.[6] 여기서 '사람'은 남자를 말하는 것이 아니라 남자와 여자를 함께 말하는 것이다. 남자는 하나님의 형상을 닮고, 여자는 어떤 보잘것없는 것을 닮은 것이 아니다. 전혀 그렇지 않다. 하나님께서는 영적인 존재이시다.[7]

그는 복잡한 인격을 가지셨고, 놀라운 범위의 감정과 우리가 이해할 수 없는 지성과 창조력을 지니신 분이다. 남성에게는 하나님의 "남성적인" 측면이 더 부여되었고, 여성은 우리가 일반적으로 생각하는 "여성적인" 측면, 즉 보살핌과 양육하는 하나님의 측면이 더 부여되었다. 아내가 관계를 중요하게 여길 때 그것을 잘못된 것으로 여겨서는 안 된다. 우리는 이것을 알아야 하고, 아내를 얕보지 않

---

6. (창세기 1:27) 하나님이 자기 형상 곧 하나님의 형상대로 사람을 창조하시되 남자와 여자를 창조하시고
7. (요한복음 4:24, 고린도후서 3:17)

아야 한다. 남자와 여자에게는 하나님의 다른 측면이 부여되었을 뿐이다. 결혼으로 두 사람이 한 몸이 될 때, 한 개인보다 더 완성된 하나님의 형상을 반영하게 된다. 여호와께서는 무엇보다도 관계의 하나님이시다.

관계 필터

많은 남성이 *동료애 필터*를 통해 인생을 바라보는 경향이 있는 반면 여성은 *관계 필터*를 통해 인생을 바라본다는 것은 이제 자명한 사실이다. 남자들은 음식을 해주는 잠자리 파트너와의 동료애에 만족하는 경향이 있다. 그들은 일이나 취미 생활, 사역을 통해 성취감을 얻으며 (그러는 동안 그들의 동료는 아이를 양육하고) 사람들에게 인정받기를 원한다. 반면에 여성은 육체적으로, 정서적으로 기운을 북돋아 줄 한 남자와의 친밀한 관계를 갈망한다. 여성은 보호와 안전을 바라며 자신의 마음을 줄 수 있는 남자를 바란다. 대화를 통해 여성은 자신의 마음을 나누며 공감과 이해를 바라는 것이지 교정이나 논쟁, 달갑지 않은 해결책을 바라는 것이 아니다.

한 여자의 관계 필터는 여성의 본질적인 부분으로, 남성의 동료애 필터와는 많이 다르다. 이 말은 여자는 남자의 행동에 동기적 의미를 부여하여 이해하는 경향이 많기 때문에 남성보다 더 쉽게 상처받는다는 의미다.

여성의 감정적 친밀감과 관계의 관점에서 봤을 때, 여자가 남자에게 자신의 감정을 전달할 때 이러한 특성을 더 잘 엿볼 수 있다. 남편과 정서적 친밀감을 원하는 아내는 여자 친구들에게 하듯 남편에게 자신의 마음을 털어놓으며 호소한다. 가까운 여자 친구라면, 이렇게 말할 수 있다. "우리 좀 멀어진 것 같아. 각자의 삶에 치여 서로에게 소원해진 것 같아." 이 말을 들은 여자 친구 역시 감정을 알아차리고 즉각적으로 이렇게 반응할 것이다. "아, 아니야! 그렇게 생각하지 마. 우리는 여전히 절친이야. 너도 알겠지만 내가 요즘 일이 너무 많아서 너한테 신경을 많이 못 쓴 건 사실이야. 정말 미안해. 우리 같이 시간을 좀 보내야겠다." 이 여성은 친구의 감정적 호소에 공감하고 연민으로 반응했다. 공감은 궁극적으로 서로를 안아주고, 서로에 대한 마음을 확인하도록 만든다.

남자는 일반적으로 여성처럼 이해를 구하는 호소에 반응하지 않기 때문에, 여성이 자신의 요구를 표현할 때 남성은 비판으로 받아들이는 경향이 있다. 예를 들면,

그녀: 나랑 좀 더 가깝게 지내고 싶지 않아?

그: 왜 그런 생각을 해? 왜 공격하는 거야? 도대체 무슨 말이야!

그녀: 공격한 적 없어. 나는 그냥 우리가 생각

보다 가깝게 느껴지지 않아서 그래.

그: 좋아, 그 문제는 고칠 수 있지. 오늘 밤에 침대에서 우리가 얼마나 가까워질 수 있는지 보여줄게.

그녀: 내가 말하는 건 그게 아니야. 당신이 뭘 잘못했다고 말한 게 아니라고. 당신은 더 친밀한 관계에 대한 고민이 없다는 거야?

그: 우리는 결혼한 부부야. 가까워질 수 있을 만큼 가까운 사이라고.

그녀: 아, 당신은 아내가 필요한 게 아니라 그냥 애인 한 명, 셰퍼드 한 마리면 행복할 사람이네...

(여자 친구가 공감과 포옹으로 반응하는 것과는 대조적으로, 남자는 잠깐 멈춰 생각하고 다음과 같이 우스꽝스럽게 말한다.)

그: 그 애인은 요리 잘 해? 셰퍼드 말고 블랙랩은 안돼?

그녀: 됐어!!!

이건 여자에게 문제가 있는 것이 아니다. 여성은 정서적 그리고 관계 지향적으로 만들어졌기 때문이다. 평생을 함께하며 아내는 부부가 정서적으로 더 가까워질 기회를 만들려고 애쓴다. 아내는 당신과 함께 있을 때 마음의 안정을 누릴 것으로 생각했기 때문에 당신과의 결혼을 받아들였다. 아내는 남편이 자신을 이해해 주기를 원하며, 때로는 인신공격처럼 느껴질 수도 있는 말로 자신의 마음속 두려움과 걱정을 표현할 것이다.

내가 관찰을 통해 깨달은 것이 있다. 아내들은 불평이나 논쟁을 먼저 시작하지 않는다. 그들은 단지 마음을 공유한다. 내가 이 말을 하면 여성들이 눈물을 흘리거나 손뼉을 치는 것을 보게 된다. 사실 나는 가끔 이렇게 적힌 티셔츠를 입고 다닌다. "여성은 논쟁을 하려는 것이 아니다. 자신의 마음을 나누는 것이다." 이 문구는 많은 대화를 끌어내고, 많은 여성이 이것을 읽고 감정적인 반응을 한다. 그들은 누군가 자신의 마음을 이해해 주기를 간절히 바라기 때문이다.

대부분의 경우, 아내가 논쟁을 시작한다고 생각할 때, 사실 아내는 단지 자신의 두려움이나 걱정을 나누고 이해받기를 바라는 것이다. 남편이 아내를 이해하고 공감할 때, 아내는 남편과 더 가깝게 느끼게 된다. 그리고 아내는 남편을 진정으로 안전한 사람으로 믿게 된다.

많은 남편이 아내가 마음에 있는 걱정을 나눌 때 방어적인 태도를 취하기 때문에 아내는 자신과 남편이 의사소통의 문제를 겪는다고 확신한다. 아내는 소통이 더 잘되면 더 평화적인 관계를 만들 수 있다고 상상한다. 더 훌륭한 대화 기술을 익혀 부부 사이가 좋아지게 하는 방법을 말하기 보다는, 부부간 의사소통이 안 되는 이유는 마음에 깊은 뿌리를 두고 있다는 것을 먼저 밝히고 싶다. 예수님은 '마음에 가득한 것을 입으로 말한다'고 말씀하셨다.[8] 우리는 우리 내면에 있는 것에 따라 말을 하게 된다. 우리가 아내의 마음을 더 잘 이해할 때, 당연히 아내의 표현들에 다르게 반응하게 될 것이다. 이 책의 목표는 남편이 아내를 이해하도록 돕고, 이를 통해 남편들이 아내의 말에 대한 반응이 변화하는 것이다. 다음 전형적인 남녀의 대화를 살펴보자.

아내: 당신은 집에 들어 오지를 않네.
('왜 이런 식으로 나를 공격하지?'라고 받아들인 남편은 사실과 논리로 아내를 반박하고 자신을 방어해야겠다고 생각한다.)
남편: 집에 들어 오지를 않는다니 그게 무슨 말이야? 일주일에 6일 저녁에 집에 있는 거 몰라?

---

8. (누가복음 6:45)

아내: 나는 당신이 집에 와도 집에 있는 것 같지가 않다고.

남편: 그러면 내가 집에 있다고 인정하는 거네. 그러면 내가 뭐 유령이라는 거야?

아내: 그렇게 놀리듯 말하는 거 정말 싫어! 당신이 집에 있어도 같이 있다는 느낌이 안 든다고.

남편: 내 얘기를 들어보면 당신 생각이 틀렸다는 걸 알 거야. 불평할 게 없을 거라고.

아내: 난 지금 불평하는 게 아니야! 상처받은 거라고! 당신은 나랑 같이 있고 싶지 않은 거잖아.

남편: 당신은 같이 있고 싶다고 말하면서 사실은 날 싫어하는 것처럼 지금 공격하고 있잖아. 됐어. 그만하자. 당신은 정상이 아니야.

아내: 당신 정말 나쁘다...

남편: 내가 나쁘다고? 나를 공격하는 사람이

누군데...

　그전에 나온 남녀의 '애인과 셰퍼드'에 대한 언쟁에서 보이듯이, 아내는 남편이 자신과 더 가까워지기를 원하지 않는다는 것에 대해 비관적으로 말하지만 사실 남편을 비난하려는 마음은 없다. 단지 남편과의 관계에서 정서적 친밀감에 대한 갈망을 드러내고 있다. 아내는 친밀감의 결핍으로 외로움을 느끼고 남편이 자신과 같은 방식으로 자신을 원하지 않는다는 사실을 두려워한다. 앞선 예시에서, 아내가 남편에게 집에 안 들어온다고 '불평'할 때 아내는 자신이 불평한다고 느끼지 않는다. 얼마나 외로운지를 표현하는 것이다. 아내의 마음을 보면, 화를 내거나 공격하는 것이 아니고 남편의 무심함에 상처를 입은 것이다. 그녀의 격앙된 감정은 단지 상처받은 마음의 울부짖음이다.

아내는 친밀감의 결핍으로 외로움을 느끼고
남편이 자신을 같은 방식으로 원하지 않는다는
사실에 두려움을 느낀다.

만일 아내가 진짜 두려움이나 걱정을 표현하고 있다는 것을 남편이 이해했다면, 아래의 대화처럼 진행되었을 것이다.

아내: 당신은 집에 들어 오지를 않네.

남편: 집에 들어 오지를 않는다니 그게 무슨 말이야? 일주일에 6일은 저녁에 늘 집에 있잖아.

아내: 나는 당신이 집에 와도 집에 있는 것 같지 않아.

남편: 내가 당신과 함께 있을 때도 같이 있는 느낌이 안 든다는 말이야? 그거 정말 끔찍한데... 얼마나 외로웠을까... 당신이 그런 외로

움을 느끼며 살게 할 수는 없지. 매일 지치도록 아이들에게 힘을 쏟고, 남편 귀가 시간을 온종일 기다리고 있었는데 남편이 집에 와도 당신 말을 들어주고 당신이 원하는 걸 해줄 시간이 없어 보였던 거야? 오늘부터 그런 기분 안 느끼게 해 줄게. (그리고 팔을 뻗어 아내를 안아준다.)

이와 같은 반응이 남자에게 자연스럽게 나올 수 있는 것은 아니다. 대부분의 남자는 공격을 받았다고 느낄 때 공감을 해주는 것이 어렵다. 안타깝게도 남성 호르몬인 테스토스테론은 남자를 여자보다 더 전투적으로 만들고, 방어적으로 행동하게 한다. 남자는 보통 아내가 두려움이나 고통을 감정적으로 표현할 때 공감하며 생각하지 않는다. 우리 남편들은 아내를 정말 아끼고, 만일 아내에게 진짜 위험한 상황이 닥친다면 당장 뛰쳐나가 구할 것이다. 하지만 아내의 폭발적인 순간이 고통이나 두려움의 외침이라는 생각은 못 하는 것이다.

상처받은 마음의 외침

이렇게 생각해 보자. 만일 골프화를 신고 있는 당신이 아내의 발을 밟았는데 아내가 고통스러워 비명을 질렀다면, 당신은 어떻게 반응할 것인가? 방어적인 태도를 취하거나, 아내의 부상에 대해 비난하거나 카펫에 피를 흘렸다고 비난할 것인가? 아니면 즉시 아내가 얼마나 아픈지 살필 것인가? 남편들에게는 보호본능이 있다. 따라서 여성의 울음소리에 대부분의 남자는 그녀를 구하러 달려간다. 여성이 상처 입은 상황이라면, 남자는 그녀의 필요를 진정성 있게 해석한다.

문제는 여성의 감정적 상처는 눈에 보이지 않으며, 우리 남성들은 여성의 정신적 고통의 호소를 자신에 대한 공격으로 해석한다는 것이다. 그녀는 그

저 고통에 반응하는 것인데, 남성들은 방어적으로 반응한다.

대부분의 아내가 표현하는 '불평'이나 '비난'은 정서적 친밀감에 대한 갈망에 뿌리를 둔 것임을 반드시 고려하기 바란다. 아내는 자신이 중요하게 여기는 가치를 위해 남편과 결혼했다. 그리고 우리 남편들이 자신의 감정을 나누기에 안전하지 않다고 느낄 때 상처를 받는다. 아내에게 나를 신뢰해도 괜찮다는 메시지를 보냈기 때문에 아내는 결혼을 결심한 것이다. 아내들은 자신을 드러내도 충분히 안전하다고 느끼는 누군가를 발견했다고 생각한다. 대부분의 여성은 결혼 생활에서 친밀감을 원하는데, 여성이 생각하는 친밀감은 정서적 안정감인 반면, 남성은 성적인 친밀감으로 보는 경향이 있다.

여성들의 의도가 이와 같이 순수한 기대임을 생각한다면, 남자들은 그것이 자신에 대한 공격이 아니었다는 것에 충분히 동의할 수 있을 것이다. 우리 남자들은 태생적으로 전투적이다. 그리고 또 보호 자이자 구조자이기도 하다. 그렇기 때문에 공격받는다고 느낄 때 즉시 방어태세가 된다.

여성이 생각하는 친밀감은 정서적 안정감인 반면,
남성은 성적인 친밀감으로 보는 경향이 있다.

이 책은 남자들이 아내에 대한 이해를 돕기 위한 것이기 때문에 아내를 대상으로 한 남편과의 대화법에 대해서는 다루지 않겠다. 부디 남자들이 여자들의 전달 방식을 공격, 비난, 불평으로 받아들이지 않고 언어 이면에 감추어져 있는 그 마음에 진심으로 반응하기를 바란다.

아내가 당신을 공격하는 것처럼 보일 때, 자신을 방어하지 않도록 훈련할 필요가 있다. 그녀의 마음이나 의도는 당신을 비난하거나 공격하려는 것이 아니다. 문제의 시작은 남편 자체에 대한 것이 아니기에 우리는 그 본질을 알아야 한다. 그것은 바로 아내의 감정에 관한 것이다. 대부분의 경우 아내는 자신의 감정 상태에 단순히 공감해 주기를 바라고 있을 뿐이다. 남편들이여, 아내가 마음을 털어놓기 시작할 때, 즉각적으로 자신에게 아래의 질문을 해 보자.

- ❖ 아내가 두려워하는 것은 무엇일까?
- ❖ 아내의 염려는 무엇일까?
- ❖ 아내는 보호나 안정감이 필요할까?
  아니면 이해받기를 원하는 걸까?

아내의 두려움이 무엇인지 명확해지면, 염려에 대한 근거가 없다고 설득하려고 논리와 이성을 적용하려고 해서는 안 된다. 아내를 가스라이팅 하면서 아내 스스로 인식한 것에 대해 의심하게 해서는 안 된다. 또 협박하는 말로 아내를 침묵하게 만들어 당신이 얼마나 안전하지 않은 사람인지 증명할 필요도 없다. 아내는 당신이 아내의 감정 상태를 알아봐주고 공감해 주길 바란다. 공감의 힘을 간단하고 명료하게 보여주는 영상으로 유튜브의 'It's Not About the Nail 못에 관한 얘기가 아냐'을 검색해 보라.[9] 남자들은 이 영상을 좋아하지만 얼마만큼 이해를 하는지는 모르겠다. 내 아내는 물론, 거의 모든 여성들은 이 영상을 정말 좋아한다.

이해를 통한 사랑

여자는 남자와 다른 필터를 통해 부부간의 사랑을 판단하게 된다는 것을 이해하기 바란다. 하나님의 계획에 따라 여성은 남성보다 더 연약하다. 결과적으로, 여성은 누군가 자신을 이해하고 자신의 마음 상태에 연민을 보일 때 사랑받는다고 느낀다. 또 누군가가 말이나 행동으로 공감을 표현할 때 보살

---

9. https://youtu.be/-4EDhdAHrOg

핌을 받는다고 느낀다. 남편이 아내의 감정 상태에 대해 인정을 해주면 아내들은 안전함과 안정감, 보호받고 있다고 생각한다.

여성의 관점에서 사랑을 묘사하는 다음 시나리오를 생각해 보자.

남편이 한 주의 일을 마치고 집으로 들어온다. 남자는 현관문을 열고 들어와 잠시 멈춰 서서 아내를 바라본다. 그의 눈은 사랑으로 빛이 난다. 그는 서류 가방을 (혹은 장비를) 던진다. 그는 아내를 품에 안고 말한다. "아, 오늘 당신이 얼마나 생각났는지 몰라. 오늘도 살림하랴 아이들 챙기랴 정말 고생했어. 우리 아이들은 당신이 엄마라서 정말 축복받은 아이들이야. 애들이 당신 말 잘 들었어? 말 안 들은 녀석 혼 좀 내줄까? 당신 오늘 어떻게 보냈는지 말해봐. 아직 잠깐만, 내가 거품 목욕 준비해 줄 테니까 나랑 이야기하면서 시간 보내자. 내가 당신 등에 비누칠해 줄 때, 오늘 어땠는지 말해주면 어때? 우리 가족을 위해서 당신의 인생을 쏟아부었는데 휴식은 당연한 거야. 걱정 마. 애들은 괜찮을 거야. 그럼, 당신이 목욕할 준비하는 동안 내가 목욕물 받으면서 설거지 마무리할게."

내가 여러 부부 세미나를 다니면서 이 이야기를 하면 여성 청중들은 손뼉을 치거나, "맞아요! 제발!"이라고 격하게 호응한다. 부부 사랑에 대한 여자의 관점은 남자들과 매우 다르다.

이제 위와 동일한 시나리오를 남성의 관점에서 그려보자.

한 주의 일을 마치고 집으로 들어온다. 현관문을 열고 들어와 아내를 찾으려고 잠시 멈춘다. 서류 가방을 (혹은 장비를) 던진다... 그리고 여기서 끝난다. 남성은 어떤 꿈도 꾸지 않는다. 아무 생각이 없다. "나 집에 왔어!" 이렇게 말하는 게 사랑이다. 내가 집에 왔고, 아내도 집에 있다. 이 상황을 더 나아지게 할 수 있는 것은 "저녁 뭐 먹어?"뿐이다.

관계 필터와 동료애 필터의 차이점을 이해했는가?

남자들은 동료애와 음식이면 만족한다. (그리고 잠자리 관계도 포함한다.) 여자는 가치와 중요성을 찾아 결혼하고, 남편이 하루를 보내며 아내를 생각했는지 알고 싶어 한다. 왜냐하면 아내는 남편을 생각했기 때문이다. 그녀는 아마 온종일 혼자라는 기분을 느끼며 얼마나 아이들을 위해 희생했는지를 알아봐 주기를 갈망하고 있었을 것이다. 아내는 당신이 아내를 알아주고 그녀의 필요를 알아차리길 바란다. 당신이 아내를 어떤 위협적인 요소에서 구해줄 때 아내는 안전함과 보호를 느낀다. 위협적인 요소가 비록 단순히 아이들과 설거지라 할지라도 말이다. 아내의 등에 비누칠을 하면서 아내의 이야기를 듣는다면, 그리고 *"그거 정말 힘들었겠다."*라며 공감을 한다면, 당신이 아내의 필요와 두려움을 이해한다는 기분에 아내의 마음은 평온

해질 것이다.

3장에서 우리는 무엇을 배웠는가?

1. 여성은 본래 친밀한 관계적 안정감을 갈망한다.

2. 남성은 동반자를 필요로 하는 존재로 창조되었고, 여성은 관계를 위해 창조되었다.

3. 아내는 남편이 자신을 어떻게 대하는지에 따라 자신의 가치를 찾는다. 아내는 남편이 아내에게 보이는 반응에 민감하다.

4. 여자는 자신이 언쟁을 시작한다고 생각하지 않는다. 단지 마음을 나누는 것이다.

5. 아내가 마음을 털어놓기 시작할 때, 남편은 즉각적으로 자신에게 아래의 질문을 해 보자.

   > 아내가 두려워하는 것은 무엇일까?
   > 아내의 염려는 무엇일까?
   > 아내는 보호나 안정감이 필요할까? 아니면 이해받기를 원하는 걸까?

사랑하는 형제 여러분, 이렇게 기도하십시오.

하나님 아버지,

저에게 귀한 아내를 허락하셔 감사드립니다. 제가 아내를 알도록 도와주시길 기도합니다. 아내를 바라볼 때 하나님 아버지의 눈으로 바라보며, 아내의 마음을 이해하도록 해주세요. 아내가 저를 공격한다는 생각이 들 때, 아내의 마음속 두려움을 파악할 수 있도록 도와주세요. 저를 향한 아버지의 크신 사랑을 제가 깨달아 알도록 하셔서, 아버지의 사랑을 아내에게 넘치게 부어줄 수 있길 간절히 소망합니다. 저를 통해 아내가 아버지의 사랑을 받아, 아버지 하나님과 더 깊은 사랑에 빠지기를 원합니다. 예수님의 이름으로 기도합니다. 아멘.

4장

여성과 로맨스

아내는 미치지 않았다.
아내와 연애하며 사는 것은, 아내를 알아가며 또
그녀가 얼마나 소중한 존재인지
느끼게 해주는 것이다.

왜 남자보다 여자가 로맨스 소설에 더 끌리는지, 왜 여성 관객을 겨냥한 영화가 있는지 궁금했던 적이 있는가? 그 이유는 하나님께서 여성을 남성보다 더 감정적으로 민감하게 지으셨기 때문이다. 여성의 감정적 본성은 하나님의 감정적 깊이를 반영한다. 여성이 주의 깊고 배려심 많은 엄마가 되게 하는 것은 바로 여성의 감정적인 본성이다.[10]

여성의 감정적인 성향이 여성을 더 열정적인 사람이 되게 한다. 그 열정에서 나오는 반응이기에 당신은 아내에게 '진정해'라는 말을 하면 안 된다. 남

---

10. 하나님께서는 우리가 그의 부드러운 돌보심에 주목하길 원하실 때, 하나님 자신을 어머니에 비유하신다. (이사야 66:13, 데살로니가전서 2:7)

자들끼리는 사실을 바로잡아 주고 '진정하라'는 말로 그를 진정시킬 수 있을지 모르지만, 아내한테는 잘 안 먹힌다. 다음의 유명한 밈을 생각해 보자. "여성에게 진정하라고 말하는 것은 고양이에게 세례를 주려고 노력하는 것과 같다." 간단히 말하면, 남성의 열정은 논리로 제한할 수 있는 반면 여성의 열정은 내면 깊이 뿌리내린 것이기에 쉽게 진정되지 않는다. 여성이 로맨스에 빠지는 것은 바로 여성의 마음속 깊이 느끼는 감정 때문이다.

여자는 로맨스를 갈망한다

여성의 로맨스를 향한 갈망에 공감하는 남자는 드물지만, 여성의 감정적 본성을 인지하기 때문에, 남자들은 그에 맞추어 데이트 전략을 짠다. 남자들은 어떻게 하면 여성의 마음을 얻을 수 있을까 고민하고 연구하여 도움이 되는 전략을 선택한다. 영화나 TV 등 미디어를 통해 여성의 마음을 얻는 방법으로 분위기 좋은 곳에서의 식사, 그리고 꽃과 부드러운 음악을 이용하는 것을 배웠다. 연애 초반, 남자는 마음에 드는 여성과 시간을 보내며 그녀가 무슨 말을 하든 귀를 기울인다. 그녀를 위해서라면 공들여 시나 편지도 쓰고, 콘서트장에 데려가거나 선물을 사주기도 한다. 우리는 그녀에게 민감하게 반응하려고 함과 동시에 자신의 힘, 기술, 재력을 과시하려고 노력한다. 모든 남자는 로맨스에 접근하는 각자만의 방식이 있지만 궁극적인 목표는 여자의 감정에 호소하는 것이다. 그녀의 마음이 그녀에게 '나는 사랑에 빠졌어'라고 생각하게 만들어서, 청혼을 하면 그녀가 기꺼이 "Yes"라고 대답하길 남자는 희망한다.

다행히 남자의 이러한 로맨틱한 전략은 효과가 있다. 그러나 안타깝게도 대부분의 남자들은 이러한 '전략'이 성공하는 이유에 대해서는 모른다. 그렇기 때문에 결혼 후에는 많은 이들이 아내의 마음을 얻는 데 실패하고 관계가 어긋난다. 사실은 연애 기간 중 했던 전략들이 여성을 감정적으로 조종하는 역할을 했던 것이다. 우리 남자들은 여자의 마음을 얻기 위해 전략을 펼치며, 그녀를 향해 보냈던 메시지를 정작 우리 자신은 이해하지 못했다. 남자는 로맨스를 즐길 *뿐*이지만 여자들은 로맨스를 절대적으로 *필요로*하고, 또 거기에 큰 가치를 부여한다. 왜냐하면 그것은 여성의 내면 깊은 곳과 연결되기 때문이다.

남자에게 여자를 쫓는 것은 낚시와 같다. 낚시를 가면, 원하는 물고기를 잡기 위해 적절한 미끼를 사용한다. 로맨틱한 행동은 여자의 마음을 사로잡기 위한 미끼에 불과하다. 만일 어떤 미끼로 아내 구하기에 실패한다면, 효과가 있는 것을 찾을 때까지 미끼를 바꿀 것이다. 마침내 그녀의 마음을 사로잡으면, 우리는 "내가 해냈다."고, 그리고 "이제 끝났다."고 말한다. 마치 강가에서 물고기를 잡은 것처럼,

우리는 원하는 것을 잡았기에 낚시를 멈추고 집으로 가지고 간다.

결혼을 하고 나서 아내의 마음 얻기를 멈춰 버리는 것은 아내를 비참하게 만드는 것이다. 아내를 쫓아다니던 시절, 당신은 그녀가 얼마나 소중하고 귀중한 존재인지 확신시키며 그녀의 마음에 구애했다. 당신이 귀 기울여 자신의 말을 들어주었을 때 그녀는 마음으로 당신이 언제나 안정감을 줄 것이라고 확신했다. 당신이 아내에게 강력한 사랑으로 구애했기 때문에, 그녀는 사랑받고 안전하다고 느끼며 이제 결혼할 준비가 되었다고 믿었다. 하지만 슬프게도, 남편이 더 이상 아내를 귀하게 여긴다는 느낌을 주지 않을 때, 아내는 속았다고 느낀다. 미국의 경우 이혼의 70%가 여성에 의해 진행되는데, 대부분 사기를 당했다는 느낌을 받게 만든 남자에게서 벗어나기를 원하는 것이다. 고의는 아니지만 우리가 처음에 아내를 쫓아다닐 때 주었던 큰 가치와 중요성을 느끼게 하는 것을 중단할 때, 아내의 마음을 잘못된 방향으로 이끌게 된다.

아내를 쫓아다니던 시절,
당신은 그녀가 얼마나 소중하고 귀중한 존재인지
확신시키며 그녀의 마음에 구애했다.

여성의 로맨스를 향한 갈망에 대한 토론은 우리에게 매우 중요하다. 하나님께서 *'아내를 잘 이해하며 함께 살아가라'*[11]고 한 것은 남자가 여자에 대해 배워야 것이 많다는 것을 보여준다.

로맨스로의 열쇠

내가 강조한 것처럼, 로맨스를 갈망하는 여성의 마음을 이해하는 열쇠는 아내를 소중하게 여기는 것과, 또 그것이 얼마나 아내의 정서적 안정과 밀접

---

11. (베드로전서 3:7)

한 연관성이 있는지를 아는 것이다. 여성이 어리거나, 연애 경험이 적거나, 연애에 대한 설렘으로 부풀어 있을 교제 초기에는 로맨틱한 행동에 더 쉽게 영향을 받는다. 하지만 결혼을 하고 나면, 남편이 아내의 마음을 알아주고, 그 마음을 귀하게 평가하는 것이 로맨스가 된다.

일반적으로 여성은 자신을 사랑하는 남자와 함께 있을 때 그가 안정감을 준다고 느끼면 결혼을 승낙한다. 하지만 우리 남자들은 이러한 것을 알 리가 없고, 아내가 두려움, 희망, 기대 등을 남편과 나누려고 할 때 방어적으로 되면서, 스스로를 위험하고 피해야 할 사람이라고 증명해 버린다. 여성은 정서적 안정을 위해 결혼했지만, 시간이 지나면서 믿었던 그 사람이 행복을 위협하는 존재로 바뀌었다고 느낀다.

3장에서 언급했듯이, 지금 이 책을 읽고 있는 남성들 중에도 남녀 간의 친밀감을 성적인 친밀감으로 생각하는 사람들이 많을 것이다. 그렇다면 결국 남자는 침대에서의 관계를 위해 아내를 침대로 끌고 가려고 무엇이든 할 것이다. 하지만 아내의 마음은 로맨스를 원하기 때문에 아내에게 낭만적으로 다가가기를 권한다. 남편이 부부관계를 위해 자신을 조종한다고 생각하는 아내보다, 사랑받고 있다고 느끼는 여성이 성관계에도 훨씬 관심이 많다.

아내와 연애하는 것은 아내를 아는 것이다

여성은 로맨스를 원하는데, 로맨스는 아름다운 꽃이나 부드러운 음악 그 이상이다. 그것은 나를 소중히 여긴다는 감정과 나의 마음을 알아준다는 느낌에 관한 것이다. 연애하는 독창적인 방법들에 대한 목록을 줄 수 있지만 그런 것들이 그녀에게 감동을 줄지는 확신할 수가 없다. 아내와 연애하려면 아내를 알아야 한다. 아내를 안다는 것은 아내의 연약함은 어떤 것인지, 아내가 무엇을 소중히 여기는지,

어떻게 하면 아내가 안정감을 느끼는지 알고 있다는 의미다.

아내에게 꽃을 사주는 것은 남편이 할 수 있는 가장 흔한 로맨틱한 행동일 것이다. 하지만 아내의 마음을 알고 아내가 원하는 선물을 해 준다면 둘의 관계는 분명 커다란 변화를 맞이하게 된다. 아내는 특별한 기념일이 아닌 평범한 날 받는 꽃을 더 기뻐하고 고마워할까? 당신은 아내에 대해서 얼마나 잘 알고 있는가? 아내는 어떤 색깔, 무슨 종류의 꽃을 좋아할까? 나는 최근에 아내에게 장미 12송이를 선물한 일이 있었다. 그때, 꽃집 직원과 이야기를 잠깐 주고받다가, 내가 고른 장미색이 실은 결혼식 때 아내가 들었던 부케의 색깔과 같다고 말했다. 아내의 삶에서 중요한 색으로 기억되고 있는 것을 남편인 내가 함께 기억하고 있다는 것에 그 여성은 감동했다며 눈가가 촉촉해졌었다. 그리고 내가 집에 가서 아내에게 꽃을 내밀며 그 이야기를 하자 아내 역시 같은 이유로 무척 고마워했다.

꽃을 언급한 것은 꽃 자체가 실패 없이 성공할 만한 로맨틱한 행동이기 때문이 아니라 '당신은 아내에 대해서 얼마나 잘 알고 있는가?'에 대한 예시로 말한 것이다. 만일 당신 아내가 꽃을 좋아하지 않는 사람이거나 꽃 사는데 돈을 쓰는 것은 낭비라고 여기는 사람이라면, 절대 꽃을 사서는 안 된다.

아내와 로맨스를 쌓는 일반적인 방법을 인터넷 검색을 통해 찾을 수도 있다. 하지만, 오직 남편만이 내 아내에 대해 알 수 있고, 아내가 사랑받고 보살핌받는다고 느끼게 하는 게 무엇인지 알 수 있다. 남편들의 목표는 아내가 존재만으로 소중하며 가치 있다고 느끼도록 하는 것이다. 아내의 사랑의 언어-인정하는 말, 함께하는 시간, 선물, 봉사, 스킨십-은 무엇인가? 아내가 사랑을 표현하는 방법을 잘 관찰해 보면 어떻게 사랑받기를 원하는지도 알 수 있다.

아내의 두려움 알기

당신은 아내를 두렵게 만드는 것이 무엇인지 아는가? 반대로 육체적이든 감정적이든 아내가 위협에서 구출되었다고 느끼게 할 수 있는 것은 무엇일까?

➡ 재정적 위기를 두려워하는가?
➡ 남편이 가정을 위해 약속한 것을, 지키지 못할까 봐 두려운가?
➡ 남편의 지저분한 공간이 두려운가?
➡ 아내가 장모님과 통화 후에 늘 불안해하는가?
➡ 가사로 인해 너무 지쳐 있는가?

아내가 가진 내면의 고통을 알고 있는가? 남편이 말이나 행동으로 아내의 어려움에 대해 알고 있음을 보여줄 때, 아내는 스스로를 가치 있게 느끼게 된다.

아내가 네일샵에 가는 걸 좋아하지만, 그럴만한 시간적 여유가 없다면 어떻게 해야 할까? 믿을 만한 사람에게 아이를 맡기고 아내를 네일샵으로 데려가 관리를 받을 수 있게 해보자. 만일 남편이 그 자리에 함께한다면 아내는 정말 축복받은 기분일 것이다. 남편도 아내 옆자리에 앉아서 발톱 손질을 받을 수 있다. 절대 아내가 예약하도록 하지 말자. 남편이 예약하고 아내에게 이벤트를 선사해 보자. 혹시 아내가 아이들을 먹이고 씻기고 공부를 봐주고, 또 넘쳐나는 집안일로 지칠 때가 많은가? 그런 아내를 위해 집을 벗어나 온천에서 온종일 쉬고 즐기는 선물을 한다면, 아내는 자신이 겪고 있는 것을 남편이 알아주고 이해한다고 느낄 것이다.

나는 내 아내를 잘 안다. 그녀는 꽃과 부드러운 음악을 좋아한다. 하지만 아내의 마음에 닿는 길은 꽃과 음악으로는 어렵다. 내 아내는 키가 180cm이고, 나는 183cm 정도다. 아내는 큰 키를 싫어하지는 않지만 내 옆에 섰을 때만큼은 좀 작게 느껴지고 싶어 한다. 그런 아내를 알기 때문에 나는 그 마음을 충족시키려고 노력한다. 나는 몸을 최대한 꼿꼿이 세우고, 아내는 작게 보이도록 굽이 없는 신발을 신는다. 그리고 거기에 덧붙여 나는 아내 근처에 계단이 보이면 한 계단 올라서서 그녀를 부른다. 그리고 아내를 가까이 끌어당기고는 내려다보며 이렇게 말한다. "꼬맹아!" 나는 때로는 계단에 선 채 코트를 날개처럼 펼치고 아내를 감싸안아 주기도 한다. 내가 이렇게 하는 이유는 아내가 작게 느끼기를 원하기 때문이다. (대단한 이벤트가 아닌데도 이 별거 아닌 작은 행동에 아내는 정말 좋아한다. 내가 그녀의 마음을 잘 알기 때문에 이렇게 한다는 사실이 기쁜 것이다.)

내가 집에서 아내를 기쁘게 해주는 방법이 또 있다. 꽃 선물이나 계단에 올라가 꼬맹이라고 부르는 그런 행동을 또 한다는 것이 아니다. 나는 아내를 괴로움에서 벗어나게 한다. 내 아내는 질서정연한 모습을 좋아한다. 그녀를 괴롭히는 것 중 하나는 지저분한 차고이다. 아내는 선반 위에 모든 물건이 질서정연하게 놓여있는 걸 좋아하고, 발에 걸리거나 차일만한 물건을 말끔히 치우는 것을 항상 원한다.

몇 년 전, 아내는 몇 주간에 걸친 순회강연 때문에 알래스카에 머무른 적이 있다. 아내가 집에 없는 동안, 나와 손주가 차고의 쓰레기를 버리기 위해 정리를 하고 있는 사진을 아내에게 보냈었다. 아내는 로맨틱한 감정을 담아 내게 답장을 했다. "여보, 당신은 내가 그런 걸 얼마나 중요하게 생각하는지, 그리고 나에게 끼칠 영향까지 알고 있군요!" 아내에게 사랑의 신호를 보내려면 내 물건들을 깔끔하게 정리하고 버릴 건 버려야 한다는 것을 아내와 살면서 알게 되었을 뿐이다. 남편으로서 우리는 아내와 실제적인 로맨스를 위해 내 아내가 어떨 때 사랑과 보살핌을 받는다고 느끼는지 알아야 한다.

아내와 연애하려면 남편은 아내의 필요를 알아
야 한다.

가장 효과적인 로맨스

사랑하는 형제 여러분, 나는 여러분들의 아내에
대해서 아는 게 없지만 거의 모든 여성이 자신의 이
야기를 들어주길 원한다는 것은 확실히 말할 수 있
다. 나는 수년간 결혼 생활을 상담하면서 불행해하
는 아내들 대부분이 남편이 자신의 이야기를 듣지
않는 것에 상처를 받았음을 알았다. 감정을 나누고
싶은 아내를 무시하거나 교정하려는 태도는 그녀
의 신뢰를 잃는 확실한 방법이다. 남자가 할 수 있
는 가장 로맨틱한 행동 중 하나는 아내 마음을 듣고
공감하는 것이다.

나는 당신이 종이와 연필을 챙겨서 아내와 데이
트를 해보라고 제안한다. 저녁 식사를 하며 아내에
게 가장 로맨틱한 데이트는 어떤 건지 묘사해달라

고 요청해 보자. 꿈에 그리는 휴가나, 아내가 바라는 가족의 미래는 어떤 모습인지에 대해서 물어봐도 좋다. 아내의 부담을 덜어줄 수 있는 무언가를, 적어도 한 가지 알아내야 한다. 아내가 한 말들을 메모하며 정리하여 아내에게 되물어보자. 이렇게 노력을 했음에도 아내에게 좋은 말을 못 들을 수도 있다는 것을 염두에 두자. 그리고 그럴 때도 아내의 말에 방어적인 태도나, 설명, 비판을 하지 말고, 아내의 생각을 가볍게 넘기지 않도록 하자. 설령 아내의 꿈이 불가능해 보이더라도 비현실적이라며 반박해서는 안 된다. 이 시간은 아내가 함께 공유할 수 있는 든든한 사람이 당신(남편)이라는 것이 밝혀지는 순간이다. 지금은 남편의 꿈이나 희망을 아내에게 공유하는 시간이 아니다. 아내에게 집중하고 아내를 알기 위해 인터뷰를 하는 시간이다. 만일 아내가 동일한 질문을 해 온다면, 아내에게 '지금은 당신만을 위한 시간'이니 질문을 하고 싶더라도 다음에 하자고 말하라. 그럼에도 남편의 대답을 듣고 싶어 한다면, 당신의 생각을 간단히 공유하고 곧바로 이어서 아내의 생각을 들을 수 있도록 해야 한다.

만일 아내가 당신에게 마음을 열어 대화를 하고 있다면, 그것은 아내 자신의 가치와 내면 깊은 곳을 내보이며 이야기를 나눈다는 것을 명심해야 한다. 여성은 질문에 대답하는 것을 정말 좋아하기 때문에 '이상적인 데이트'에 대한 질문으로 끝내서는 안 된다. 책 뒤쪽 부록2에 아내에게 (자녀에게도 적용해볼 수 있다) 할 수 있는 질문 목록을 실었다. 또 출력하여 주머니에 넣고 다닐 수 있도록 내가 운영하는 웹사이트에 질문 카드도 만들어 두었다.[12]

이쯤에서 아내가 자신의 꿈이나 소망을 밝히기 어려워할 수도 있다는 점을 짚어야겠다. 아내는 남편이나 다른 사람들로부터 받은 거절감으로 마음 문을 닫은 상태일 수도 있다. 당신이 아내의 이야기

---

12. http://www.ultimatehusband.com/date_questions.htm

를 들어줄 만반의 준비가 되었으며, 안정감을 주는 사람이라는 신뢰를 주는 것이 우선이다. 만약 아내가 정말 바라는 것을 말하거나, 자신의 무거운 짐을 덜어낼 방법을 알려주는데도, 당신이 아무 노력도 하지 않는다면 아내를 절망에 빠뜨릴 수 있다. 남편에게 마음을 터놓는 것은 아내 스스로 위험을 감수하고, 자신의 연약함을 드러내는 것이기 때문이다.

4장에서 우리는 무엇을 배웠는가?

1. 로맨스에 대해 여성이 갈망하는 것은 자신의 존재가 소중하게 여겨지는 것과 안정감을 느끼는 것이다.

2. 남편은 아내를 얻기 위해 로맨스를 이용하지만, 후속 조치를 하지 않은 것이 의미하는 메시지에 대해서는 전혀 알지 못한다.

3. 아내와 정말 연애하려면 먼저 아내를 알아야 한다.

4. 아내와 연애하는 가장 좋은 방법은 아내가 감정을 표현할 때 공감하는 것이다.

사랑하는 형제 여러분, 이렇게 기도하십시오.

하나님 아버지,

저에게 귀한 아내를 허락하셔 감사드립니다. 제가
아내를 알도록 도와주시길 기도합니다. 아내를 바라
볼 때 하나님 아버지의 눈으로 바라보며, 아내의 마
음을 이해하도록 해주세요. 아내가 저를 공격한다는
생각이 들 때, 아내의 마음속 두려움을 파악할 수 있
도록 도와주세요. 저를 향한 아버지의 크신 사랑을
제가 깨달아 알도록 하셔서, 아버지의 사랑을 아내
에게 넘치게 부어줄 수 있길 간절히 소망합니다. 저
를 통해 아내가 아버지의 사랑을 받아, 아버지 하나
님과 더 깊은 사랑에 빠지기를 원합니다. 예수님의
이름으로 기도합니다. 아멘.

5장

그럴만한 가치

아내는 미치지 않았다.
아내는 남편이 자신의 말에
얼마나 경청하는지에 가치를 둔다.

내 웹사이트에 '아내와 화해하기Reconciling With Your Wife'라는 글이 있는데, 이 글은 매일 500건 이상의 조회수를 기록하고 있다. 전 세계적으로 가정이 위기에 처해 있다. 조사에 따르면 미국의 경우 현재 이혼율이 50%로, 이는 결혼하는 커플의 반이 이혼한다는 것이다. 앞서 언급한 것처럼, 미국 내 이혼의 70%는 여성에 의해 제기된다. 내 경험상 부부 문제로 도움을 얻고자 나에게 연락한 대다수의 남성이 아내가 떠나겠다고 선언했을 때 큰 충격에 휩싸였다고 한다. 이 남성들은 대부분 아내를 사랑했고, 결혼 생활도 괜찮은 상태라고 생각했기 때문에 아내의 이혼 결심이 일방적인 기습이라고 느꼈다.

이혼당할 위기에 처한 남편들은 자신들이 더 이상 버틸 수 없는 결혼 생활을 자초했다는 사실을 전혀 알지 못했다. 그들은 자신이 쟁취할 가치가 있다고 생각한 여자에게 다가갔고 교제를 시작했었다. 그들이 이전에 그녀에게 보여준 관심과 경청은 안정감과 가치를 느끼게 했었다. 하지만 결혼을 하고 시간이 지나면서 아내를 소중하게 느끼던 감정이 점차 사라져 갔다. 일반적으로 여성은 남편이 자신의 가치를 제대로 알아주지 않으며, 그에게 자신이 중요하지 않은 사람인 것처럼 느끼면 그런 남편에게서 벗어나기를 원한다.

그녀는 자신이 가치 있는 존재임을 알기 원한다
앞 장의 요점은 다음과 같다.

❖ 남성은 결혼하려고 한 여성을 쫓아다니며

무슨 일을 겪더라도 그녀가 가치가 있다는 것을 확신시킨다.

❖ 여성은 그 남자가 자신의 마음을 나누기에 안전하다고 느낄 때 결혼을 결심한다.

❖ 결혼하고 나면 남자는 이미 아내를 가졌기 때문에 더 이상 아내를 쫓아다니지 않는다.

❖ 잠자리를 제외하면 아내를 쫓아다니지 않기 때문에 아내는 무시당했다고 여기거나 중요하지도 않은, 심지어 이용당했다는 느낌을 받는다.

❖ 남편에게 자신의 마음을 나눌 때, 남편은 공격받았다고 생각하고 방어적으로 행동하며, 이는 부부 싸움을 불러일으킨다.

❖ 자신을 가치 있고 소중한 존재로 여겨주던 남자와 결혼했지만, 이제는 외로움과 더 이상 중요하지 않다는 상실감이 그녀

의 마음속에 쌓여간다.

❖ 많은 남자가 고의는 아니지만 아내가 더 이상 크게 중요하지 않다는 메시지를 보낸다.

한 여성이 남편과의 이혼을 결심할 때 종종 하는 말이 이것이다. "예전에 그 사람은 저를 보물처럼 느끼게 해줬는데, 지금은 제가 가치 없는 사람인 것처럼 대해요. 이 고통을 더 이상 견딜 수가 없어요". 그녀는 그 남자가 안정감을 주었기 때문에 결혼했는데, 그랬던 그가 이제는 그녀에게 위협의 원인이 된 것이다. 여자는 자신을 보호하기 위해서 마음을 굳히고 그를 떠나게 된다.

그녀는 상처받았다

나와 베벌리는 신혼 시절, 캘리포니아 남부에 위치한 해변에서 일곱 블록쯤 떨어진 아파트에 살았다. 아이가 생기기 전 아내는, "우리 해변에 산책하러 가요."라고 말하곤 했다. 그러면 나는, "식탁에서 얘기하는 거나 해변에서 얘기하는 거나 같은 거잖아. 그냥 집에서 밥 먹으면서 얘기하고, 굳이 발에 물 묻히지 말자."고 대답했다. 난 이렇게 말하는 것이 일리가 있다고 생각했고, 이 글을 읽는 많은 남성들도 '뭐가 문제가 되지?'라고 생각할 것이다.

내가 깨닫지 못한 것은 그녀가 해변을 걷고자 하는 이유가 모래도, 물도, 대화도 아니었다는 점이다. 낭만적인 일몰을 보기 위함도 아니었다. 아내는 자신을 위해 내가 시간을 할애할 수 있는지를 알고 싶었다. 내게 그런 시간은 전혀 실용적으로 보이지 않는 데다가, 아내가 소중한 존재로 대우를 받기 원한다는 것을 전혀 인식하지 못했었다. 나는 아내의 바람을 지속적으로 등한시했기 때문에 아내는 상처를 받았다.

당신은 가치 있는 사람이에요

내가 아내와 결혼하기 몇 달 전, 우리는 함께 결혼 반지를 보러 대형 마트에 갔다. 그곳으로 간 이유는 비용을 좀 줄이고 싶어서였다.

우리는 심플한 금반지를 원했고 가격은 당시 시세로 50~60달러 선이었다. 내 생각에 나는 남자니까 좀 두꺼운 밴드형 금반지를 하고 아내는 그보다는 슬림한 디자인을 하면 되겠다 싶었다. 하지만 계산대로 가기 전까지, 아내가 내 것과 비슷한 밴드형 반지를 원하고 있다는 사실을 전혀 몰랐다. 나는 차분하게 설명했다. "굵은 반지는 보통 남성용이고, 얇은 반지는 여성용이야." 그리고 덧붙였다. "게다가 얇은 반지는 10달러나 더 저렴하니까, 신혼여행 예산이 10달러 더 늘어나는 셈이잖아."

바로 그때, 베벌리는 갑작스럽게 양해를 구하더니 자리를 피했고, 밖으로 나가 주변을 걷기 시작했다. 그리고 나는 그대로 서서 나를 응시하고 있는 점원과 단둘이 남게 되었다. 도무지 무슨 일이 일어난 건지 알 수 없었고, 베벌리에게 왜 갑자기 산책이 필요했는지도 몰랐다. 마침내 베벌리가 돌아왔고 우리는 같은 밴드형 반지를 샀다.

무슨 일인지 혹시 이해가 안 된다면, 내가 설명해 보겠다. 나는 내 약혼녀를 점원 앞에서 비참하게 만들었다. 그 말은, "당신은 10달러의 가치도 안 돼."라는 것이었다. 난 실용적인 걸 좋아하는 사람이고 내가 무슨 일을 저질렀는지도 몰랐으며, 안타까운 사실이지만 그게 시작이었고, 이후에도 "넌 그럴 가치가 없어."라는 메시지를 보낸 적이 많이 있었다.

사실, 아내가 나를 충분히 신뢰하고, 내가 가진 습관에 대해 인내하며 설명해 주기까지는 몇 년의 시간이 걸렸다. 아내의 마음을 마구 뒤흔들었던 것은 아내가 집에 새로운 소파를 사도 괜찮은지 내게 물었을 때였다. 난 방어적인 태도를 취했고 아내의 요구를 공격으로 받아들였다. 우린 두 아이가 있었고 나는 시간당 7달러를 버는 블루칼라로 일하며, 신학대에서 공부를 하고 있었다. 여유가 없는 상황에서 소파를 구입하는 데 돈을 쓰고자 하는 아내의 요구는 나를 무능한 가장으로 느끼게 했다.

사실 아내는 단순한 질문을 했다. "우리 새 소파 사면 어떨까?" 이 질문에 나는 좌절적으로 대답한 것이다. "우리는 새로운 소파를 살 여유가 없어!" 아내는 자신의 질문에 이렇게 빠르고 강렬하게 거절하는 것은 "당신은 그럴 가치가 없어."라는 메시지를 전한다고 설명했다.

당시에 소파를 구입할 여유가 없었던 건 사실이지만 원천 봉쇄의 방법으로 아내가 새 소파를 누릴 가치가 없다고 말하는 것이 아닌 다른 방법으로 이야기할 수도 있었다. 돌이켜보니 이렇게 대처해야 했다. "알았어, 여보. 당신이 편안한 새 소파에 앉을 수 있게, 어떻게 할 수 있을지 한번 봅시다."

그리고 소파를 살 여윳돈이 얼마나 되는지, 나머

지 돈을 어디서 마련할 수 있을지 아내와 함께 이야기를 나누었다. 내 초점이 소파나 돈이 아니라, 아내가 얼마나 가치 있고 소중한 존재인지를 깨닫는 것이 중요했다. 그녀에게는 바로 그런 나의 인식과 반응이 필요했던 것이다.

이 책을 읽는 남편들 중 혼자 독립된 공간에 있는 분이 있다면, 아내가 남편을 통해 반드시 들어야 할 말을 크게 연습해 보길 바란다. 지금 바로 소리 내어 말해 보자. "당신은 충분히 그럴만한 가치가 있어!" 오늘뿐 아니라 계속해서 연습하여 자연스럽게 말할 수 있게 하자. "당신은 충분히 그럴만한 가치가 있어!" 그리고 아내가 이 말을 필요로 하는 그 순간에 자연스럽게 입에서 나오도록 기도하자.

아내에게 의사소통의 소중함

지난 수년간 여성들을 인터뷰하면서 '어떨 때 남편이 아내의 가치를 떨어뜨리는 느낌이 들었는지' 알게 되었다. 흥미롭게도 남편이 아내에게 쓰는 돈 액수와는 전혀 상관이 없었다. 또 아내와 보내는 물리적인 시간과도 관련이 없었다. 물론 때로 이 두 가지도 아내에게 상처를 주는 요소가 되긴 하지만 말이다.

여성들이 가장 많이 꼽은 것은 바로 남편이 대화에 경청하지 않을 때였다. 즉, 아내가 말할 때 남편은 아내가 표현하는 마음을 잘 알아듣지 못했다는 것을 암시하는 반응을 한다. 아내들은 남편과 마음을 나누고 싶어 하지만 남편의 무심하고 덤덤한 반응은 돌이킬 수 없는 결과를 초래할 수 있다.

내 마음속 아내의 가치 높이기

혼인 서약은 아내를 내 인생의 가장 중요한 우선순위로 삼는 것이며, 그로 인해 아내의 가치가 자연스럽게 더욱 높아진다는 점이 흥미롭다. 이 내용을 혼인 서약에 적었든 아니든, 변함없는 사실이다. 우리는 고린도전서 7장 32~35절에 "장가간 자는 세상

일을 염려하여 어찌하여야 아내를 기쁘게 할까 하여"라는 구절과, "시집간 자는 세상일을 염려하여 어찌하여야 남편을 기쁘게 할까 하느니라"라는 말씀에서도 알 수 있다. 이 구절을 통해 바울은 결혼하지 않은 크리스천은 마음이 나뉘지 않아 하나님을 기쁘시게 하기 위한 삶을 살아야 하지만, 일단 결혼을 하게 되면 '자신의 짝을 기쁘게 해주기 위해 고민해야 한다'고 했다.

알고 있었는가? 결혼한 남자로서 우리는 아내를 기쁘게 하는 것이 최우선이다. 평상시에 남편이 해야 할 많은 일이 있지만 아내를 기쁘게 하는 것이 다른 어떤 것보다 우위에 있어야 한다. 여자가 남편의 노예가 되어선 안 되듯, 남자 역시 아내의 종이 되라는 게 아니다. 아내를 우선순위에 두는 것은 날마다 당신이 해야 할 책임들 가운데 아내의 필요를 우선적으로 고려해야 한다는 것을 의미한다.

아내가 당신의 최우선 순위라면, 매일 잠들기 전

에 자신의 필요만큼 아내의 필요 또한 돌보려고 노력했는지 확인해야 한다.[13] 아내를 한 번도 생각하지 않고 아무렇지 않게 하루를 마무리하거나, 참아야 하는 순간에 아내에게 고개를 내저었다면, 하나님께서 당신에게 맡기신 최우선 순위를 놓친 것이다.

5장에서 우리는 무엇을 배웠는가?

1. 여자는 자신을 가치 있게 해주는 남자와 결혼한다.

2. 아내는 남편이 얼마나 경청하는지에서 가치를 발견하기 때문에 그녀의 말에 귀를 기울이며, 절대로 무시하거나 경시하는 자세로 대화를 해서는 안 된다.

3. 아내의 말을 경청하며 그 감정에 공감해 줄 때 아내는 가치를 느낀다.

4. 성경은 남편에게 하나님이 허락하신 우선순위가 아내를 기쁘게 하는 것이라고 분명히 한다.

---

13. (에베소서 5:28~29) 28이와 같이 남편들도 자기 아내 사랑하기를 자기 자신과 같이 할지니 자기 아내를 사랑하는 자는 자기를 사랑하는 것이니라 29누구든지 언제나 자기 육체를 미워하지 않고 오직 양육하여 보호하기를 그리스도께서 교회에게 함과 같이 하나니

5. 아내가 당신을 통해 가치를 발견할 수 있도록 혼자 있을 때 "당신은 충분히 그럴만한 가치가 있어!"라고 큰 소리로 말하는 연습을 해야 한다.

사랑하는 형제 여러분, 이렇게 기도하십시오.

하나님 아버지,

저에게 귀한 아내를 허락하셔 감사드립니다. 제가 아내를 알도록 도와주시길 기도합니다. 아내를 바라볼 때 하나님 아버지의 눈으로 바라보며, 아내의 마음을 이해하도록 해주세요. 아내가 저를 공격한다는 생각이 들 때, 아내의 마음속 두려움을 파악할 수 있도록 도와주세요. 저의 말과 저의 눈빛을 통해 아내가 저에게 얼마나 귀한 보물인지 알게 되기를 소망합니다. 저를 향한 아버지의 크신 사랑을 제가 깨달아 알도록 하셔서, 아버지의 사랑을 아내에게 넘치게 부어줄 수 있길 간절히 소망합니다. 저를 통해 아내가 아버지의 사랑을 받아, 아버지 하나님과 더 깊은 사랑에 빠지기를 원합니다. 예수님의 이름으로 기도합니다. 아멘.

6장

다섯 가지 교훈

아내는 미치지 않았다.
아내의 깊은 감정은
하나님의 감정의 깊이를 반영한다.

♥

　두 성별 중 여성이 더 연약하다는 것은 분명하다.
성경은 여성을 장미로 묘사한다.[14] 장미는 아름답지
만 가시를 가진 꽃이다. 장미는 연약하면서 위험하
다. 장미를 거칠게 다루면 꽃잎이 떨어질 수 있지
만, 그 가시에 찔리면 피를 볼 수도 있다. 장미는 잘
다뤄야 하고 보호받아야 한다. 해충 피해를 입지 않
게 잘 돌봐 주어야 한다. 또 강한 비바람도 안전하
게 막아주어야 한다. 아내는 장미와 같고 장미를 다
루듯 대해야 하는 것이다.
　다행히도 베드로전서 3장 7절에서 하나님께서 아

---

14. (아가 2:1, 현대인의 성경) 나는 사론의 장미요, 골짜기의 백합화라네

내를 돌보는 것에 관한 다섯 가지 교훈을 상세하게 설명해 주신다.

> 남편들아 이와 같이 지식을 따라 너희 아내와 동거하고 그를 더 연약한 그릇이요 또 생명의 은혜를 함께 이어받을 자로 알아 귀히 여기라 이는 너희 기도가 막히지 아니하게 하려 함이라 (베드로전서 3:7)

첫 번째 교훈 : 우리는 아내를 이해하는 것을 결혼생활의 목표로 삼아야 한다.

이 책은 남성이 여성을 나와 별개의 이상한 존재로 여길 것이 아니라 남성도 충분히 여성을 이해할 수 있음을 강조한다. 그리고 또한 이해하려고 노력하는 것이 얼마나 중요한지 강조하고 싶다. 이 책의 결말에 다다랐을 때 당신이 아내를 새로운 눈으로 바라보고 더 큰 배려로 대하게 되기를 소망한다.

두 번째 교훈 : 우리는 아내를 존중해야 한다

어떤 남자는 베드로전서 3장 7절을 읽고 여자를 '연약한 그릇'이라고 부르기 때문에 여성이 남성보다 어느 정도는 열등한 존재라고 결론을 내린다. 본문을 다시 살펴보면 전혀 다른 이야기임을 알 수 있다.

> 남편이 된 이 여러분, 이와 같이 여러분도 아내가 여
> 성으로서 자기보다 연약한 그릇임을 이해하고 함께
> 살아야 합니다. 그리고 생명의 은혜를 함께 상속받
> 을 사람으로 알고 존중하십시오. 그리해야 여러분의
> 기도가 막히지 않을 것입니다. (베드로전서 3:7, 새번역)

하나님께서는 남성보다 여성이 더 연약한 존재이기 때문에 특별히 존중받아야 한다고 말씀하신다. 그리스어로 존중은 티메^{tîmê}라고 하는데, 이것은 *가치를 부여한다*는 의미이다. 신약 성경에서 tîmê는 40회 쓰였고, 그중 15번이 '하나님께 영광을 돌린

다'는 의미로 언급이 되었다. 그리고 25번은 누군가를 혹은 어떤 것을 '높이 산다'는 의미로 언급되었다. 궁극적으로 하나님께서 여기서 말씀하시는 것은 아내가 열등한 위치에 있어서가 아니라, 연약하기 때문에 특별히 더 존중과 배려를 받아야 한다는 것이다. 하나님께서는 높임과 영광을 받으셔야 하며[tîmê], 아내 역시 존중받아야 한다[tîmê].

더 연약한 자에게 존경심을 보여야 한다는 개념은 바울이 고린도전서 12장에서 잘 설명해 주었다.[15] 여기서 바울은 그리스도의 몸이 다른 여러 부분—강한 부분과 약한 부분—으로 구성되었고, 이 각 부분이 동일하게 귀하다는 것을 설명한다. 바울은 더 약한 부분이지만 실은 더 중요하며 그렇기에 더욱 귀하게 대해 주어야 한다고 강조한다. 말씀의

---

15. (고린도전서 12:22~24) 22뿐 아니라 더 약하게 보이는 몸의 지체가 도리어 요긴하고 23우리가 몸의 덜 귀히 여기는 그것들을 더욱 귀한 것들로 입혀 주며 우리의 아름답지 못한 지체는 더욱 아름다운 것을 얻느니라 그런즉 24우리의 아름다운 지체는 그럴 필요가 없느니라 오직 하나님이 몸을 고르게 하여 부족한 지체에게 귀중함을 더하사

패턴을 발견하였는가?

우리가 아내에게 보여주어야 하는 존중은 전쟁에서 전사가 자기 심장을 지키는 것과 같다. 인간의 심장은 섬세한 조직으로 만들어져서 연약하며 보호가 필요하다. 심장은 생명과 직결되지만 아주 약한 부위이기 때문에 하나님께서는 갈비뼈 아래 보호받도록 하셨다. 갈비뼈로 감쌌음에도 전사는 심장의 취약성을 이해하기에 가슴판과 방패로 철저히 보호한다. 아내도 전사가 심장을 보호하듯 우리 남편들의 특별한 보살핌이 필요하다.

세 번째 교훈 : 두 성별 중 여성이 더 연약하다.

장미처럼 아내는 존중과 특별한 보살핌으로 대해야 하는 섬세하고 아름다운 존재들이다. 하지만 아내는 엄마로서, 집을 꾸려가는 관리자로서 매우 뛰어난 능력자이기 때문에 우리는 종종 그녀를 어린 여성으로 바라보지 않는다. 그들은 가정을 돌보기

위해 아침 일찍 일어나는 것을 견뎌낸다. 아이가 아
프면 아이 옆에서 밤을 지새운다. 심지어 자신이 아
플 때조차 가족을 돌보기 위해 일어난다.

여성은 회복탄력성이 뛰어나기 때문에 많은 남성
들이 보기에 남자의 힘을 필요로 하지 않는다고 생
각한다. (병뚜껑 열 때만 빼고 말이다.) 그리고 여성
은 뛰어난 언변으로 남자들을 제압할 수도 있다. 하
지만 하나님의 설계에 의해 여성은 남성보다 감정
적으로나, 육체적으로나 더 연약하다. 베드로 서신
에서 하나님께서는 아내에게 특별한 배려를 보여야
한다고 남자들에게 충고한다. 그것은 하나님께서 여
자인 아내를 '더 연약한 그릇'으로 여기기 때문이다.

'더 연약한'이라는 말은 육체적 힘만 말하는 것이
아니라 감정적 민감성도 함께 말하는 것이다.

> 여자는 회복탄력성이 남자보다 뛰어나서
> 남자의 힘이 필요하지 않은 것처럼 보인다.

내 경험상, 자신의 연약함을 받아들이기 가장 어려운 여성은 과거에 남자에게 상처받은 경험이 있어서 어떤 약점을 인정할 경우 다시 상처 입게 될 것이 두려운 여성이다. 내 아내의 말을 인용하면, *"여성은 과거에 받은 상처로 인해 하나님이 창조하신 모습이 아닌 다른 모습으로 변하게 되는데, 예를 들면 통제하려고 하거나, 쉽게 만족하지 못하고, 공격적인 성향으로 변해서, 의식적이든 무의식적이든 자기 자신을 보호하기 위해 필요한 모든 것을 하게 된다."*고 한다. 당신의 아내가 때로 성경적 진리에 순응하지 않는 모습을 보일 수도 있는데, 그 이유는 그녀가 '이상하고 나쁜 여자'이기 때문이 아니다. 그것은 당신의 공격적이고 강압적인 태도와 아내 안에 있는 통제하려는 마음이 부딪혀 두려움을 만들기 때문이다. 우리는 아내의 정서적 안정감이 우선적으로 충족될 수 있도록 아내를 연약한 존재로 바라보아야 하는 것이다.

네 번째 교훈 : 우리는 여자보다 우월하지 않다. 다만 하나님 은혜의 공동 상속자이다.

어떤 여성은 연약한 그릇으로 불리는 것을 불편해하기도 한다. 성차별이 있던 시대와 사회에 살던 여성들은 억압받거나 남성보다 낮은 대우를 받는 것에 부당함을 느꼈다. 하지만 다행히 하나님께서는 남편이 아내를 존중해야 한다는 것을 분명히 하셨다. 왜냐하면 아내는 '생명의 은혜'를 받은 동등한 상속자이기 때문이다. 갈라디아 교회에 보낸 바울 서신에서 하나님께서는 남성과 여성이 하나님 앞에 동등하다는 것을 강조하셨다.

> 너희는 유대인이나 헬라인이나 종이나 자유인이나
>
> 남자나 여자나 다 그리스도 예수 안에서 하나이니라
>
> (갈라디아서 3:28)

여호와는 인종, 사회적 지위, 성별에 차등을 두지

않으셨다. 우리는 하나님 앞에 모두 평등하다.

다섯 번째 교훈 : 아내 존중하기를 등한시한다면 우리의 기도가 막히게 될 것이다.

다섯 번째 교훈에 특별한 주의를 기울일 필요가 있다. 하나님께서는 아내를 아주 높이 평가하시기 때문에, 우리가 아내를 특별한 존중의 마음으로 대우하지 않으면 심각한 결과를 맞이하게 된다. 우리의 기도가 막히게 되는 것이다. 정신이 번쩍 드는 말이다!

여기서 '막히다^{hindered}'의 그리스어는 '엥콥토^{egkopto}'로, 단어를 그대로 풀이하면 잘린다는 뜻이다. 우리가 아내를 배려와 존중으로 대하지 않으면 하늘 아버지와 소통의 흐름이 단절된다는 말이다. 우리에게 얼마나 두려운 경고인가! 시편 66편 18절은 우리의 기도를 하나님께서 듣지 않으실 것이라고 말씀하신다. *"내가 나의 마음에 죄악을 품었더라면 주께서*

듣지 아니하시리라." 아내를 존중하며 대하지 않는다면 하나님 보시기에 우리 마음속의 죄악을 즐겁게 하는 것만큼 심각한 일이다. 만일 하나님께서 우리의 기도를 들으시지 않는다고 느껴진다면 아내를 어떻게 대했는지 점검해 보기 바란다.

6장에서 우리는 무엇을 배웠는가?

1. 아내는 연약한 그릇이기 때문에 남편은 아내에게 특별히 존중하는 마음을 보여야 한다.

2. 여성은 남성보다 감정적으로 연약하지만, 남성들보다 절대 열등하지 않다.

3. 여성을 보호한다는 것은 연약한 심장을 보호해야 하는 필요성과 동일하다.

4. 여성은 회복탄력성이 뛰어나기 때문에 남자의 힘이 필요하지 않은 것처럼 보일 수 있다.

5. 만일 아내를 존중하지 않으면, 그 남편은 기도가 막힐 것이다.

사랑하는 형제 여러분, 이렇게 기도하십시오.

하나님 아버지,

저에게 귀한 아내를 허락하셔 감사드립니다. 제가 아내를 알도록 도와주시길 기도합니다. 아내를 바라볼 때 하나님 아버지의 눈으로 바라보며, 아내의 마음을 이해하도록 해주세요. 아내가 저를 공격한다는 생각이 들 때, 아내의 마음속 두려움을 파악할 수 있게 해주시고, 아내를 안심시킬 수 있도록 도와주시길 원합니다. 저의 말과 저의 눈빛을 통해 아내가 저에게 얼마나 귀한 보물인지 알게 되기를 소망합니다. 또 제가 아내를 있는 모습 그대로 존중할 때 아내가 안정감을 느끼고, 보호받고 있음을 느끼길 간절히 기도합니다. 저를 향한 아버지의 크신 사랑을 제가 깨달아 알도록 하셔서, 아버지의 사랑을 아내에게 넘치게 부어줄 수 있길 간절히 소망합니다. 저를 통해 아내가 아버지의 사랑을 받아, 아버지 하나님과 더 깊은 사랑에 빠지기를 원합니다. 예수님의 이름으로 기도합니다. 아멘.

7장

생존인가
정복인가 아니면
사랑인가

아내는 미치지 않았다.
아내는 자신의 마음을 받아 줄
남편이 필요하다.

♥

　유아기 남아와 여아에게서 몇 가지 뚜렷한 차이점을 발견할 수 있다. 연구에 따르면 어릴 때부터 여자아이들은 남자아이들보다 말을 더 많이 한다. 한 연구에서 유치원생들에게 무선 마이크를 장착하고 관찰을 했는데, 여자아이들이 남자아이들보다 현격한 차이로 말을 더 많이 한다는 것을 알 수 있었다. 내용을 들여다보니 여아들이 정확한 어휘를 구사한 반면 남아들은 부딪히는 소리, 총소리, 폭발음, 타이어 소리 등 의성어 의태어가 대부분이었다. 또 다른 연구를 보면 하루 동안 여성은 남성이 사용하는 단어 수의 두 세배를 더 많이 사용한다고 한다. 남자와 여자는 언어적 표현에 있어서 어릴 때부터 차이를 보인다.

그 이유는 뇌의 구조에서 찾을 수 있다. 보통 여성은 우뇌를 더 빈번하게 사용하는데, 좌우뇌 반구 간의 연결이 잘 되어 있어서 좌뇌와 우뇌를 원활하고 효과적으로 사용한다. 언어 구사는 우리 뇌의 좌측에 그 기능이 집중되어 있지만, 좌뇌와 우뇌 사이에 훨씬 더 많은 회로가 있는 여성은 말할 때 양쪽 뇌로의 접근이 더 용이하다. 남자는 언어활동을 할 때 좌뇌를 사용하지만 여자는 양쪽 뇌를 동시에 사용하는 경향이 크기 때문에 대체로 말을 잘하며, 언어 센터인 측두엽의 신경세포 숫자도 남자보다 10% 정도 더 많다. 그 결과 여자는 남자보다 언어에 있어서 더 유창하다.

비극적이게도 남성들의 여성에 대한 폭력이 종종 발생하는 이유 중, 여성의 우수한 언변을 남성들이 육체적 힘으로 제압하려고 하기 때문인 경우가 있다. 어떤 강한 남자나 카리스마가 있는 지도자라고 해도 여성의 거침없는 말에 대응할 수 없다고 느낄 것이다.

생물학적으로 다름에도 남성과 모든 면에서 동등함을 증명하려 드는 여성이 있다면, 남자들은 당연히 그런 여자를 볼 때 돌봄과 보살핌을 받아야 한다는 인식을 하지 않게 된다. 과거 여성성에 대한 존경심으로 남자는 여자들을 위해 문을 잡아주거나 의자를 당겨주고, 비속어 사용을 하지 않기도 했다. 그러나 오늘날 남자들은 이러한 행동을 했다가 성차별주의자 혹은 남성 우월주의자로 낙인찍힐까 두려움을 느낀다.

아내는 우리의 적이 아니다

문화가 변화 발전하면서 여성은 더 존중받게 되었고, 그 결과 여성의 발언권도 높아졌다. 오늘날 많은 여성이 남편에게 자신이 걱정하는 게 무엇인지 자유롭게 공유하지만, 남편은 그런 아내의 말을 쉽게 오해하는 경향이 있다. 아내는 남편에게 자신의 걱정을 말하는데 남편은 아내가 왜 자신을 공격하는지 당혹스러워한다. 여성은 앞으로 펼쳐질 일은 모른 채, 이해와 공감을 얻고자 남편에게 마음을 드러내지만, 남편은 자신이 비난을 받는다고 생각해서 방어적인 태도를 취한다.

> 아내는 남편에게 자신의 걱정을 말하는데
> 남편은 아내가 왜 자신을 공격하는지 당혹스럽다.

아내가 의도한 것은 자기편을 향한 호소인데, 남편은 적의 공격으로 받아들인다. 다시 말해 보겠다. **아내가 의도한 것은 자기편을 향한 호소인데, 남편은 적의 공격으로 받아들인다.**

여기에 문제가 있다. 남자는 적을 보호하지 않는다. 적으로부터 생존하거나, 적을 정복할 뿐이다.

다시 반복하겠다. 한 아내가 자기 남편에게 이해를 구하고 싶거나 남편을 통해 안정감을 찾고자 할 때, 남편은 반대로 공격을 당했거나 비판을 받았다고 생각한다. 따라서 그의 반응은, 생존하려고 발버둥치거나 아내를 정복하려고 하는 시도를 하는 것이다.

> 남자는 적을 보호하지 않는다.
> 적으로부터 생존하거나 적을 정복할 뿐이다.
> 당신이 아내를 적으로 보는 한,
> 당신과 아내의 삶은 비참할 수밖에 없다.

남편이 단순히 자신의 생존을 위해 버티고 있는 것처럼 느껴지면, 아내는 당연히 보호받지 못한다고 생각하게 되고 남편에 대한 존경심을 잃게 된다. 아내는 남편에게 어렵게 꺼내놓은 이야기가 전달되지 않고 있다고 판단하고, 스스로를 중요하지 않게 느낄 것이다. 가정의 여러 짐을 혼자 떠안기에 버거운 아내는 남편의 리더십을 갈망하지만, 남편이 생존하려고만 하고 이끌어가지 않을 때 남편을 큰아들처럼 여기게 된다. 그래서 그를 통제하려고 한다. 남편이 아내를 무시하거나, 생존의 태도를 취하면 아내는 남편에게 자신을 맡기는 것에 회의를 느끼게 되는 것이다.

왜냐하면 생존이라는 것은 *자기 보존*self-preservation에 뿌리를 두고 있다. 자기 보존이라는 말의 첫 번째 단어 '자기self'에 주목해 보자. 이는 당신의 사랑이 그 순간 이타적이지 않고 자기중심적이었다는 것을 의미한다. 하나님께서는 남편이 아내를 사랑할 때 '그리스도께서 교회를 사랑하심 같이 하라'고 명백히 말씀하신다.[16] 성경은 예수님을 통해 사랑의 가장 진정한 본을 보여준다.

---

16. (에베소서 5:25) 남편들아 아내 사랑하기를 그리스도께서 교회를 사랑하시고 그 교회를 위하여 자신을 주심 같이 하라

❖ 예수님께서는 섬김을 받으러 온 것이 아니라 도리어 섬기러 오셨다.[17]

❖ 예수님께서는 자기 자신을 희생하셨다.[18]

❖ 예수님께서는 결코 우리를 버리지 않으시겠다고 약속하셨다.[19]

우리가 단지 아내에게서 생존하려고 한다면, 아내와 함께 있는 시간을 단순히 버티는 것뿐이다. 버티기만 하는 것은 사랑이 아니다.

남자가 아내에게 지배당하거나 업신여김을 당한다고 느끼면, 남자는 단순히 그 아내로부터 살아남으려고 노력하게 된다. 아내가 자신을 비판하거나 언쟁을 시작한다고 느낀 남성이, 결국 어떤 말을 해도 '불에다 기름을 붓는 일'이라고 판단해 입을 다물

---

17. (마태복음 20:28) 인자가 온 것은 섬김을 받으려 함이 아니라 도리어 섬기려 하고 자기 목숨을 많은 사람의 대속물로 주려 함이니라

18. (요한일서 4:10) 사랑은 여기 있으니 우리가 하나님을 사랑한 것이 아니요 하나님이 우리를 사랑하사 우리 죄를 속하기 위하여 화목 제물로 그 아들을 보내셨음이라

19. (히브리서 13:5하) 내가 결코 너를 버리지 아니하고 너희를 떠나지 아니하리라 하셨느니라

고 가만히 있다고 가정해 보자. 그는 마음으로는 아내를 사랑할지 모르지만, 결코 아내를 만족시킬 수 없다고 느끼며 아내를 원망하게 되는 것이다. 그는 아내의 필요와 바람을 만족시키려고 최선을 다하지만, 아내가 남편과 있는 걸 불행해한다고 생각하기 때문에 좌절감에 빠진다. 아마도 남편은 아내가 원하는 것보다 더 자주 침실에서의 관계를 즐기고 싶기 때문에 아내에게 특히 더 불만을 느낄 수 있다. 성관계의 빈도에 대해 아내가 힘을 가지기 때문에 아내의 통제에 남편은 굴복하게 된다. 남편은 아내를 사랑하지만 아내가 자신을 통제한다는 것에 분노를 가진 채 살아가게 되는 것이다.

남편이 만일 아내가 언제 화가 날지 모른다는 두려움 속에 산다면, 아내의 '이상함'을 견디는 스스로를 자랑스러워할 수도 있고, 아내를 견디는 자신에게 연민을 가지고 살아갈 수도 있다. 당신이 아내에게서 '생존하는' 남자라면, 다음과 같은 생각을 하고 있을 것이다.

> '이건 안 하는 게 나을 거야. 하면 아내가 분
> 명 화낼 테니까.'
> '입 꾹 다물고 아무 말도 안 하는 게 낫겠다.
> 말하면 아내가 더 화날지 몰라.'
> '내가 어디 갈지 말 안 하는 게 나을 거야. 말
> 해봐야 못 가게 할 게 뻔해.'
> '아내가 집에 돌아오면 나한테 화내지 않게
> 아이들한테 방 청소를 하라고 시켜야겠어.'
> '집에 가는 길에 꽃다발을 사가자. 그래야 저
> 녁 시간이 좀 평화롭지.'

아내에 대한 헌신의 동기가 아내의 반응에 대한 두려움에서 비롯될 때, 남자들은 위와 같이 생각한다. 이러한 남성은 과거에 자신을 사랑하고 존경해주기를 바랐던 여성이, 이제는 참고 살아야 하는 관계가 된 것을 체념하고 살아가야 하는 것이다.

아내를 사랑하고 존중하는 남편은 아내의 괴로움에 공감하고 고민하며 다음과 같이 말할 것이다.

"이건 안 하는 게 낫겠다. 그러면 아내가 더 힘들어할 거야."

"이 일은 내가 하고 싶은 일이기도 하지만 아내에게도 정말 좋은 일이 될 거야."

"당신이 그런 상황을 겪고 있다니 마음이 아프다. 당신 얼마나 힘들었어…"

"오늘 해야 할 일들 얼른 같이 끝내고 저녁에 예쁘게 입고 외출하자. 여보."

"얘들아, 이 그릇 싱크대에 그냥 두면 안 되겠다. 엄마도 집에 오면 쉬셔야지."

"아빠랑 같이 이거 정리해 볼까? 집이 깨끗하면 엄마가 얼마나 좋아하시겠니?"

"집에 가는 길에 아내를 위해 꽃을 사야겠어.

예쁜 꽃을 보면 아내 마음이 행복할 거야."

아내를 참아야 한다는 두려움보다 용기를 내어 아내를 적극적으로 사랑하게 되길 바란다. 아내에게 사랑의 표현을 하는 것은 점수를 따기 위해서가 아니라, 남편으로서 아내를 기쁘게 하고 또 축복한다는 의미가 있음을 잊지 말자.

아내 정복하기?

자신의 생존을 지키려는 것이 아니라면, 아내를 정복하려는 사람일 수도 있겠다. 그는 통제권을 두고 아내와 대립하며 비판, 가스라이팅, 분노로 아내를 위협해 복종시키려 할 것이다. 그러한 남자는 아내를 괴롭혀 '복종'시키려 하겠지만 아내는 남편의 지속적인 비판이나 언어적, 정신적 학대를 견디다가 결국 떠나버릴 수도 있다. 그녀는 남편을 가장 안전한 사람이라 믿고 결혼을 선택했기에, 반대로 남편이 가장 큰 위협이 된다고 느껴지면 그를 떠날 수 있다는 말이다.

나는 내가 만났던 한 남성이 한 말을 결코 잊지 못하고 있다. 그 남성은 자신의 아내가 임상적으로 제정신이 아니라고 믿고 있으며, 부부 갈등으로 싸울 때마다 아내가 미쳤다는 것을 확신시키면 아내를 잠잠하게 할 수 있다고 말했다. 대화를 나눠보니 그의 아내는 정상이 분명했지만, 아내는 남편의 가스라이팅에 저항할 수 없어 보였다.

가스라이팅이라는 말은 이제 흔하게 쓰이고 있다. 가스라이팅은 <가스 라이트 Gas Light>라는 1938년 미국 브로드웨이 연극에서 유래된 것으로 영화화되면서 더 유명해진 작품이다. 내용은 한 남성이 아내의 유산을 손에 넣으려고 계획적으로 접근하고 아내를 조종하여 제정신이 아니라고 만든다는 것이다. 아내가 분별력을 잃고 있다고 느끼도록 사용한 방법 중 하나가 바로 가스등의 밝기를 계속해서 바꾸면서, 바뀌지 않았다고 아내의 정신에 이상이 있다고 몰아가는 거였다. 그의 기술은 매우 효과적이었고 그녀는 자신의 정신 상태를 의심하기 시작한다.

요즘 세상에 아내의 유산을 차지하려고 아내를 가스라이팅하는 남편은 없겠지만, 아내의 마음을 이해하지 못하고 아내가 자신의 정신 건강을 의심하도록 조종하는 남자들은 종종 볼 수 있다. 그들은 여러 가지 방법으로 가스라이팅을 한다. 몇 가지 예를 들어보겠다.

❖ 이런 말을 달고 산다. "당신 지금 이상해." "당신 제정신이 아닌 거 알아?" "당신 문제가 심각해."

❖ 그들은 또 이렇게 말한다. "당신 지금 정상이 아니야. 정상인 사람한테는 화날 일이 아니라고."

❖ 아내를 친구나 가족으로부터 격리하고 아
내가 스트레스를 털어놓을 사람이 하나도
없게 만든다.

❖ 아내의 불안감에 집중하여 오히려 겁을 주
며 괴롭힌다.

❖ 아내의 판단을 의심하게 만든다. "당신은
아무것도 아닌 일을 항상 크게 만드는 게
문제야."

❖ 아내가 지나치게 감정에 지배당하고 있으
며 이성을 잃었다고 한다.

아내에게 가스라이팅을 하는 남자들은 아내가 정
서적으로 불안정하기에 그런 아내를 참아야 하는
자신에게 연민을 느끼는 것이 일반적이다. 그는 아
내의 약점을 너무 잘 알고 있고, 아내가 자신에 대한
회의에 빠지도록 그 약점을 건드려 더 자극한다. 만
일 그가 아내를 제대로 건드렸다면 아내는 폭발하

여 남편의 주장을 증명하게 되는 것이다.

가스라이팅을 하는 남성이 이 책을 본다면 부디 그 잔인한 습관을 깨닫고, 버릴 수 있기를 간절히 바란다.

반복해 말하지만, 여성은 감정적으로 연약한 존재이기에 마음속 이야기를 들어주며 자신을 배려해 주는 남자의 보호와 안정감을 절대적으로 원한다. 아내가 불평하거나 당신을 공격한다는 생각이 든다면, 실은 아내는 심적으로 연약한 상태이고 당신에게 이해와 위로를 받길 원하는 것이다. 당신이 공격이라고 여기는 것은 아내의 마음속 괴로움이나 두려움의 표현이다.

7장에서 우리는 무엇을 배웠는가?

1. 남편이 단지 생존하는 삶을 산다고 느끼면, 아내는 보호받지 못한다고 느끼고 남편에 대한 존경심도 사라진다. 그리고 아

무도 자신의 이야기에 귀 기울이지 않으며 스스로 중요하지 않다고 느낄 것이다.

2. 아내는 자기편에 호소하려는 의도인데, 남편은 적이 공격하는 것으로 받아들인다.

3. 남자는 적을 보호하지 않는다. 적으로부터 생존하거나, 적을 정복할 뿐이다. 당신이 아내를 적으로 보는 한 당신과 아내의 삶은 비참할 수밖에 없다.

사랑하는 형제 여러분, 이렇게 기도하십시오.

하나님 아버지,

저에게 귀한 아내를 허락하서 감사드립니다. 제가 아내를 알도록 도와주시길 기도합니다. 아내가 저를 공격한다는 생각이 들 때, 아내의 마음속 두려움을 파악할 수 있게 해주시고, 아내를 안심시킬 수 있도록 도와주시길 원합니다. 제가 사랑하는 아내를 온전히 존중하게 해주시고, 아내를 생존하거나 정복해야 할 적으로 보지 않고 제가 마땅히 보호해야 할 연약한 그릇으로 대할 수 있길 기도합니다. 저를 향한 아버지의 크신 사랑을 제가 깨달아 알도록 하셔서,

아버지의 사랑을 아내에게 넘치게 부어줄 수 있길 간절히 소망합니다. 저를 통해 아내가 아버지의 사랑을 받아, 아버지 하나님과 더 깊은 사랑에 빠지기를 원합니다. 예수님의 이름으로 기도합니다. 아멘.

8장

아내가
실망할 때

아내는 미치지 않았다.
여자들의 감정적인 성향 때문에
남자들은 여자들이 표현하는 반응에 대해
이해하기 어려울 수 있다.

하나님께서는 골로새서 3장 19절에서 남편들에게 "아내를 사랑하며 괴롭게 하지 말라."고 가르치신다. 그리고 뒤따라 나오는 말씀에서 아비들은 자녀를 낙심하게 하지 말라고 한다.[20] 이 말씀은 아이들뿐만 아니라 모든 가족 구성원들에게 적용할 수 있다. 남자가 아내를 배려 없이 혹은 존중함 없이 대하면 아내는 낙심할 수 있다. 또 마음을 털어놓는 아내와 언쟁부터 하려는 남자와 산다면 그녀는 분명 우울하고 외롭고 삶의 기쁨이 없을 것이다. 그런 여성은 자신이 무시당했다고 느끼고, 가치 있는 존재

---

20. (골로새서 3:21) 아비들아 너희 자녀를 노엽게 하지 말지니 낙심할까 함이라

가 아니라고 느낄 수 있다. 낙심한 아내는 자꾸만 머릿속으로 이혼이라는 단어를 떠올리게 된다.

　아내의 약함을 이해하지 못하는 남자는 아내가 가장 약한 순간에 아내를 비난하거나 무시할지도 모르겠다. 아주 어리석은 행동이며 또 매우 위험한 행동이다. 어떤 순간에도 한결같이 아내를 존중하며 아내를 보물처럼 여기는 남자는 지혜로우며 하나님이 남편에게 명령하신 말씀을 따르는 것이다. 하나님께서는 여성의 감정적 연약함을 고려해 아주 구체적으로 성경을 통해 남성들에게 말씀하신다. 에베소서 5장, 베드로전서 1장, 골로새서 3장에서 하나님께서 남편들에게 주는 교훈을 살펴보자.[21]

---

21. (에베소서 5:25~33) 25남편들아 아내 사랑하기를 그리스도께서 교회를 사랑하시고 그 교회를 위하여 자신을 주심같이 하라 26이는 곧 물로 씻어 말씀으로 깨끗하게 하사 거룩하게 하시고 27자기 앞에 영광스러운 교회로 세우사 티나 주름 잡힌 것이나 이런 것들이 없이 거룩하고 흠이 없게 하려 하심이라 28이와 같이 남편들도 자기 아내 사랑하기를 자기 자신과 같이 할지니 자기 아내를 사랑하는 자는 자기를 사랑하는 것이라 29누구든지 언제나 자기 육체를 미워하지 않고 오직 양육하여 보호하기를 그리스도께서 교회에게 함과 같이 하나니 30우리는 그 몸의 지체임이라 31그러므로 사람이 부모를 떠나 그의 아내와 합하여 그 둘이 한 육체가 될지니 32이 비밀이 크도다 나는 그리스도와 교회에 대하여 말하노라 33그러나 너희도 각각 아내 사랑하기를 자신 같이 하고 아내도 자기 남편을 존경하라

❖ 남편은 그리스도가 교회를 사랑한 것과 같이 아내를 사랑해야 한다. 그리스도의 사랑을 받으며 만나는 안정감을 남편이 보여주는 사랑과 헌신을 통해 아내들이 발견해야 하는 것이다. (엡 5:25)

❖ 남편의 사랑은 자기희생으로 나타나야 한다. 아내의 마음을 알아채고 그 필요를 채워준다는 것이 쉽지만은 않지만, 남편의 희생을 목격할 때 아내는 존재 의미와 가치를 느낀다. (엡 5:25)

❖ 남편은 그리스도의 본을 따르며 아내를 영적으로 양육할 책임이 있다. 여성의 삶에 가장 큰 필요는 진리를 따라 걸으며 그리스도와 친밀한 관계로 나아가는 것이다. (엡 5:26)

❖ 남편은 자신의 필요와 욕구를 충족시키는 것과 같이 아내의 필요를 돌보아야 한다. 아내를 사랑하는 것은 자기 사랑의 표현이다. (엡

5:28, 33)

❖ 남편은 아내를 소중히 여겨야 한다. '소중히 여기다cherish'의 그리스 단어는 어미 닭이 병아리들을 날개로 덮어 따뜻하게 해준다는 의미와 같다.[22] 아내들은 무의식 깊은 곳으로부터 남편의 육체적, 감정적, 정신적 보호에서 오는 안정감을 갈망한다. (엡 5:29)

❖ 남편은 아내를 자신과 한 몸으로 여겨야 한다. 부부의 연합 안에서 남편의 변함없는 헌신을 마주할 때 아내는 안정을 찾는다. (엡 5:31)

❖ 남편은 아내를 귀하게 여기며 존중해야 한다.[23] (벧전 3:7)

❖ 남편은 아내에게 모진 마음을 품어서는 안 된다.[24] (골 3:19)

---

22. Cherish – Thalpo(그리스어); 암탉이 날개를 펼쳐 병아리를 따뜻하게 하듯이 품다.

23. (베드로전서 3:7) 남편들아 이와 같이 지식을 따라 너희 아내와 동거하고 그를 더 연약한 그릇이요 또 생명의 은혜를 함께 이어받을 자로 알아 귀히 여기라 이는 너희 기도가 막히지 아니하게 하려 함이라

24. (골로새서 3:19, 새번역) 남편이 된 여러분, 아내를 사랑하십시오. 아내를 모질게 대하지 마십시오.

아내가 당신에게서 멀어지는 것처럼 느껴진다면 자신의 존재 가치나 안정감을 위해 당신을 바라보는 것을 포기했을 가능성이 있다. 당신이 가장 안정감을 주는 사람이라고 믿고 결혼을 했지만 더 이상 당신이 그런 사람이 아니라는 결론에 다다랐다고 생각해 보라.

아내가 떠나가 버린 남자들을 상담할 때, 그들에게 던진 질문 중 몇 가지를 소개하겠다. 이 질문에 스스로 답해 본다면 당신이 아내와 함께 쌓아온 건강하지 못한 소통방식을 발견하게 될 것이다.[25]

아내가 당신을 떠나기 전, 당신은 주기적으로 언어폭력(화를 내거나 거칠게 행동함)을 사용했습니까?
네— 아니오—

---

25. http://www.ultimatehusband.com/worksheet.htm

만일 그렇다면, 구체적으로 설명하세요.

— 언성을 높였다.

— 아내에게 욕설을 사용했다.

— 아내를 저속하게 불렀다.

— 아내가 눈물을 흘리면 무시하거나 조롱했다.

— 물건을 치거나, 발로 차거나, 던지며 아내
　를 위협했다.

— 위와 같은 행동을 아이들 앞에서 했다.

아내가 당신에게 말을 거는데, 불평이나 잔
소리, 공격하는 것처럼 느껴질 때, 어떻게 반
응했나요?

— 방어적으로 반응하며 아내를 반박했다.

— 아내가 잘못 말한 부분을 바로잡아 주었다.

— 아내가 그렇게 느껴서는 안 된다는 것을
　논리와 팩트로 설득하려고 했다.

— 분노와 거친 말로 아내를 위협했다.

— 아내의 정신 상태와 능력을 스스로 의심하
   게 하려고 노력했다.
— 아내가 더 화내지 않기를 바라며 아내 말
   이 끝나기만을 기다렸다.
— 자리를 피하거나, 화를 내며 집을 나갔다.

아내를 어떻게 대했는지를 돌아보면서 죄책감이
들 수도 있다. 그건 좋은 거다. 하지만 회개는 단순
히 죄책감을 가지고 있거나 나쁜 행동을 멈추는 것
으로 끝나지 않는다. 회개는 옳은 일을 하는 것으로
귀결되는 마음의 변화다. 새로운 행동은 당신의 마
음에서부터 나온다.

아마도 이어지는 이야기를 통해 아내의 마음에
한층 다가갈 수 있을 것이다.

어느 날 나는 내 사무실에서 한 남자를 상담하고
있었다. 그들 부부를 이전에도 만난 적이 있어서,
아내가 실수할 때면 그 남자가 놀리는 습관이 있다

는 걸 알고 있었다. 이 습관은 그의 아내를 주눅 들게 만들었다. 게다가 아내가 외로움을 토로하려고 할 때마다 안쓰러움의 표현이나 위로 대신 자신을 방어하기에 바빴다. 그날 나는 그와 단둘이 상담을 진행하며 그의 아내가 느낄 비참함에 대해 이야기를 나누려고 했다.

상담이 한창일 때 갑자기 그의 아내로부터 전화가 왔다. 그녀는 자신이 차 열쇠를 차에 두고 내렸는데 문이 잠겨 남편에게 있는 보조키를 받아 가야 한다고 말했다. 다행히 친한 이웃의 차를 빌려 여기에 오는 길이라고 했다. 아니나 다를까 10분 후에 사무실 문을 두드리는 소리가 들렸다. 나는 그의 아내를 맞이하며 들어오라고 했고 그녀는 당황스러워하며 상담을 방해해서 죄송하다고 했다. 남편은 그 기회를 이용해 아내를 놀리듯 말했다. "다음 상담 때도 또 오는 건 아니겠지?" 그러자 아내는 남편에게 또 사과를 했고, 열쇠를 받아 사무실을 나가면서 문을 닫고 돌아설 때까지 계속해서 "죄송합니다. 죄송합니다."라고 거듭거듭 말했다.

그녀가 가고 나는 그에게 좋은 기회를 놓쳤다고 말했다. 그는 어리둥절해하며 그게 무슨 말이냐고 했다. 여자가 가장 연약할 때 그때야말로 더욱 남편의 사랑과 보호가 필요하다고 설명했다. "당신은 아내에게 이렇게 말했어야 했어요. '여보, 그건 사과할 만큼 큰 잘못이 아니야. 그냥 실수일 뿐이야. 그리고 내 인생에서 가장 소중한 사람은 바로 당신이지, 렙 목사님이 아니야. 여보, 여기 10달러 있어. 가면서 좋아하는 커피라도 한잔하면서 가. 당신, 많이 당황했을 텐데 여기까지 오느라 정말 고생 많았어.'" 그는 머리를 끄덕이며 단 한 번도 그런 생각을 못 해봤다고 말했다. 나는 그에게 아내를 남편의 보살핌이 필요한 존재로 바라봐야 한다고 했다. 아내는 남편의 사랑과 이해가 충족될 때 꽃을 피울 수 있기 때문이다. 상담을 통해 그는 하나님께서 두 사람을 결혼으로 하나 되게 하신 것이 원래부터 잘 맞는 완벽한 짝이어서가 아니라 두 사람이 함께 사랑을 배워야하기 때문이라는 걸 알게 되었다. 그리고 하나님의 긍휼하심과 보살핌을 아내가 느낄 수 있도록 남편으로서 그 역할을 잘 감당해 보겠다고 했다.

하나님의 사랑이 얼마나 깊은지 알려주기 위해, 하나님께서 당신을 당신 아내의 남편이 되게 하셨다는 것을, 우리 남편들이 모두 알게 되기를 기도한다.

그녀의 감정은 진짜다

나는 여성의 감정적 본성을 설명하는데 책의 상당한 분량을 할애했다. 당신이 거들먹거리며 아내의 감정을 비난하거나 또는 아내를 두고 집을 나가지 않는 것은 매우 중요하다. 하나님께서 그의 형상대로 아내를 지으셨으며 하나님의 온화한 마음을 더욱 부어 주셨음을 잊지 말자. 이는 아내가 남자인 당신보다 더 섬세한 감정을 가졌다는 것이다.

아내가 새 드레스를 보며 친구들과 지나치게 흥분한 것처럼 보인다고 과장되거나 이상한 건 아니다. 아내의 가치는 남편의 가치와 다르다. 아내가 소중하게 여기는 것에 대한 흥분은 진짜 감정이다.

만일 당신이 위협적이라고 느끼지 않는 것들을 아내가 두려워할 때, 아내에게 그 두려움은 가짜가 아니다. 예를 들어, 당신과 달리 아내가 폐소공포증이 있다면 당신은 아내의 두려움을 심각하게 받아들이고 비행기를 탈 때면 아내가 통로 쪽에 앉을 수 있도록 배려해야 한다.

여자의 감정은 진심을 드러내는 것이다. 당신이 완벽히 이해하지 못할 수도 있지만 아내의 감정을 진실하게 받아주고 반응하는 그 순간부터 아내는 당신과 함께하며 더 안정감을 느끼고 편안해질 것이다.

어린 나이에 결혼한 나는 젊을 때 이러한 교훈을 배우기 어려웠다.

내 아내는 텍사스의 시골 지역에 살았고 매일 자

전거를 타고 학교에 갈 때면, 한 무리의 농장 개들이 아내를 쫓아왔다고 한다. 아내는 그 개들이 무서웠고, 개에 대한 심각한 공포증을 갖게 되었다. 작은 강아지이든 큰 개든 상관없이 말이다. 나는 그런 아내를 이해하지 못했고, 아내의 우스꽝스러운 공포증을 놀리기까지 했다. 나는 아내에게 필요한 영웅이 되어 주지 못했다.

세월이 흐르면서 나는 아내의 두려움을 인정해 주는 것이 얼마나 중요한 것인지 알게 되었다. 어느 늦은 밤, 침대에 누워서 아내를 기다렸을 때가 생생히 기억난다. 아내는 부엌에서 다음 날 아침에 먹을 음식을 준비를 하고 있었다. 마침내 아내가 부엌 불을 끄고 침실로 오는 소리가 들렸다. 아내는 부엌에 안경을 두고 왔다는 것을 깨닫고는 방으로 들어오면서 멈칫했다. 아내는 나를 바라보며 부엌에 있는 안경을 가져다줄 수 있는지 물었다.

아내의 요청에 당황한 나는 '분명한 사실'을 아내

에게 전달했다. *"난 이미 옷을 벗고 침대에 있는데, 당신은 옷을 다 입고 있고, 부엌까지는 20걸음 정도면 닿는 거리야."* 아내는 가장 애처로운 눈빛으로 나를 바라보며 말했다. *"하지만 복도에 불은 다 꺼졌고 밖은 너무 어두워요."* 물론 나는 아내가 어두움 따위는 무시하고 안경을 가지고 올 수 있다는 것이 논리적이라고 느꼈다. *"귀신은 불이 꺼진 후 5분이 지나야 돌아다니기 시작해. 아직 4분이나 남았으니, 걱정할 필요 없어, 여보."*

그렇게 말해놓고는 이때가 바로 내가 아내의 영웅이 될 기회라는 것이 깨달아졌다. 그래서 침대에서 뛰어나와 가운을 빠르게 걸치고 침실 문을 열고 복도로 나갔다. 그리고 어둠 속에 외쳤다. *"어디 감히 내 아내를 위협해!"* 나는 뒤돌아 아내에게 고개를 끄덕여 보이고, 아내의 안경을 찾으러 부엌으로 갔다. 30초 후에 침실로 비틀거리며 들어와 아내 앞에 무릎을 꿇고, 안경을 내밀며 말했다. *"그놈들이*

거의 나를 잡을 뻔했지만, 내가 싸워서 물리쳤어.
오직 당신을 위해서!" 아내는 웃었고, 나는 재빨리
침대로 뛰어들었다. 이게 30년 전에 있었던 일인데,
나는 팩트를 날리며 비난하는 사람보다, 아내에게
영웅이 필요하다는 것을 배우고 있었다.

요즘도 엉뚱하거나 근거 없는 두려움에서 아내를
구하곤 하지만, 그녀의 보호자 역할을 맡았기에, 나
는 이제는 거의 본능적으로 그렇게 하고 있다. 흥미
롭게도 아내는 신혼 때보다 훨씬 더 내게 끌린다.

아내의 감정을 인정하라

예수님께서 사람의 모습으로 이 땅에 오셨고 온
갖 수치를 받으셨다는 것을 우리는 잘 알고 있다.[26]
주님은 33년을 사람으로 사셨기에 '사람의 연약함
을 진정으로 공감' 하셨고 지금도 그렇게 우리를 바

---

26. (빌립보서 2:5~8) 5너희 안에 이 마음을 품으라 곧 그리스도 예수의 마음이니 6그는
근본 하나님의 본체시나 하나님과 동등됨을 취할 것으로 여기지 아니하시고 7오히
려 자기를 비워 종의 형체를 가지사 사람들과 같이 되셨고 8사람의 모양으로 나타
나사 자기를 낮추시고 죽기까지 복종하셨으니 곧 십자가에 죽으심이라

라보신다.[27] 그는 근거 없이 두려워하거나 격한 감정을 표현하는 사람들을 어떻게 대해줘야 하는지 본을 보여주셨다. 예수님은 사람들의 감정을 말로 위로하려고 하지 않으셨고 그들의 고통 가운데서 온전히 공감하셨다. 요한복음 11장 33~35절[28]에서 예수님은 사람들이 걷잡을 수 없는 두려움과 격한 감정에 빠졌을 때 아름다운 본이 되셨다. 마리아와 다른 사람들이 나사로의 죽음으로 슬퍼하는 것을 보시고 예수님은 함께 우셨다. 나사로가 죽음에서 다시 살아나게 될 것을 알고 계셨기에 그를 잃은 슬픔 때문에 우신 것은 아니었다. 예수님은 나사로를 잃어 애도하고 있는 사람들의 감정을 함께 느끼신 것이다. 잠깐 후면 그들의 울음과 고통이 모두 사라질 것을 아셨지만 말이다. 예수님은 *"눈물을 거두고 기적을 보아라."*고 말하지 않으셨다. 그저 그들의

---

27. (히브리서 4:15) 우리에게 있는 대제사장은 우리의 연약함을 동정하지 못하실 이가 아니요 모든 일에 우리와 똑같이 시험을 받으신 이로되 죄는 없으시니라

28. (요한복음 11:33, 35) 33예수께서 그가 우는 것과 또 함께 온 유대인들이 우는 것을 보시고 심령에 비통히 여기시고 불쌍히 여기사… 35예수께서 눈물을 흘리시더라

아픔을 느끼며 그들과 함께 우셨다.

복음서에는 예수님이 두려움에 사로잡힌 사람들과 함께한 많은 예시가 있다. 그들이 근거도 없는 두려움을 표현했을 때 예수님이 그들을 한 번도 질책하지 않으셨음은 정말 놀랍다. 10장에서 우리가 아내의 두려움에 어떻게 반응해야 하는지 더 구체적으로 다루도록 하겠다.

8장에서 우리는 무엇을 배웠는가?

1. 감정적으로 민감한 여자들의 특성 때문에 많은 남자들은 냉담하게 반응하고 만다.

2. 당신의 아내가 당신에게서 멀어졌다면, 아내의 감정을 인정하지 않았기 때문일 수 있다.

3. 여성들의 두려움을 우리 남자들은 알 수 없지만 그 두려움은 실재하기에, 남자들이 진지하게 받아들여야 한다.

사랑하는 형제 여러분, 이렇게 기도하십시오.

하나님 아버지,

저에게 귀한 아내를 허락하셔 감사드립니다. 제가 아내를 알도록 도와주시길 기도합니다. 아내가 저를 공격한다는 생각이 들 때, 아내의 마음속 두려움을 파악할 수 있게 해주시고, 아내를 안심시킬 수 있도록 도와주시길 원합니다. 저의 말과 저의 눈빛을 통해 아내가 저에게 얼마나 귀한 보물인지 알게 되기를 소망합니다. 제가 사랑하는 아내를 온전히 존중하게 해주시고, 아내를 생존하거나 정복해야 할 적으로 보지 않고 제가 마땅히 보호해야 할 연약한 그릇으로 대할 수 있길 기도합니다. 저를 향한 아버지의 크신 사랑을 제가 깨달아 알도록 하셔서, 아버지의 사랑을 아내에게 넘치게 부어줄 수 있길 간절히 소망합니다. 저를 통해 아내가 아버지의 사랑을 받아, 아버지 하나님과 더 깊은 사랑에 빠지기를 원합니다. 예수님의 이름으로 기도합니다. 아멘.

9장

아내가
통제하는 이유

아내는 미치지 않았다.
두려움으로 인해 통제하려는 것이다.

♥

　오늘날 많은 남자는 아내를 두고 보스^{boss} 라고 표현한다. 그런 남자들은 이렇게 물을지도 모르겠다. *"우리 아내가 '연약한 그릇'이라면 어떻게 이렇게 강하고, 실권을 장악하는 거죠? 저는 항상 아내한테 집니다."* 좋은 질문이다.

　내 경험상 많은 남자들이 자신의 아내가 관계를 통제하고 있다고 느낀다. 사실, 대부분의 남자가 인터넷에 떠도는 농담에 공감할 수 있다. *"내 아내는 미니밴을 원했지만 나는 미니밴을 원하지 않았습니다. 그래서 우리는 타협점을 찾았고, 미니밴을 샀습니다."*

9장의 목적은 남성이 아내를 지배하도록 장려하려는 것이 아니라 아내를 이해함으로써 아내가 정서적 안정감과 육체적 안전함을 누리도록 하기 위함이다. 어떤 여성들은 자신을 남편에게 맡기기 어려워하기도 한다. 여성은 자신에게 영향을 미치는 모든 영역을 통제하고자 한다.

내 아내는 수년간 여성을 위한 세미나를 열었고, 참석한 여성들에게 간혹 다음 두 가지 질문을 했다. *"여기서 남편이 아닌 내가 가정을 책임지고 있다고 생각하시는 분 손들어 보세요."* 결과는 어떨까? 세미나에 참석한 대다수의 여성이 손을 들었다. 그리고 두 번째 질문을 한다. *"그게 좋아서 하시는 분 계속 손들고 있어 주세요."* 한결같이, 심지어 어떤 여성들은 눈물을 흘리기까지 하며, 모두 손을 내린다. 많은 여성이 가정을 책임지고 있다고 했지만, 사실 아무도 자원해서 그 무게를 감당하는 것은 아니었다. 자, 그러면 당신은 이렇게 물어볼지도 모르겠다. *"그럼 그 여자들은 왜 계속 그렇게 삽니까?"*

아내는 왜 통제하는가

이전 페이지에 질문에 대한 답이 있지만, 여러분에게 좀 더 용이하게 여기에 다시 한번 써보겠다.

"정서적 안정감과 육체적 안전을 위해 여성은 자신에게 영향을 미치는 모든 영역을 통제하고자 한다."

아내는 자기 스스로, 그리고 그들에게 중요한 사람이나 소유한 것을 안전하게 지키기 위해서 통제력을 발휘하게 된다.

> 정서적 안정감과 육체적 안전을 위해
> 여성은 자신에게 영향을 미치는
> 모든 영역을 통제하고자 한다.

남자나 여자 모두 통제적인 사람이 될 수 있지만,

다른 이유로 통제력을 행사한다는 부분을 명확히 하고 싶다. 남성은 테스토스테론에 의해 좀 더 공격적인 성향이 있어서 '지배적 리더십' 유형이 되기 쉽고 권력을 가졌을 때 만족을 느낀다. 여성도 통제를 할 수 있지만 다른 이유에서다.

일반적으로 여성은 연약하게 태어났기 때문에 자기 자신을 보호하기 위해 통제적으로 행동한다. 내 아내는 수십 년간 여성을 가르치고 상담하면서 여성의 이러한 감정을 다음과 같이 정리한다. *"여성은 두려운 만큼 통제한다."* 불안하거나 두려움을 느낄수록 자기 삶의 변수들을 더 통제하려고 한다. 예를 들어 남편이 일적으로 실패했을 때, 아내가 가정을 통제할 가능성이 더 커진다. 하지만 그전에 대부분의 여성은 남편이 자신의 책임을 다하여 가정을 보호해 주길 원한다.

많은 남자가 아내의 통제력에 불만을 갖는다. 하지만 왜 아내가 통제적인 사람이 되었는지 이해하게 되면, 긍휼한 마음으로 변하는 것을 볼 수 있었다. 그리고 남편이 좀 더 책임감을 갖고 적극적인 태도를 보일 때 아내는 무거운 짐에서 벗어나는 계기가 된다.

> **여성은 두려운 만큼 통제한다.**

만약 아내에게 과거의 상처로 인한 두려움이 있다면, 그것을 마술처럼 싹 사라지게 해줄 수는 없지만 이해심과 긍휼한 마음을 아내에게 표현함으로써 치유에 다가설 수 있다. 우리 모두처럼 아내도 안정감을 느끼려면 가장 가까운 친구가 필요하다. 안전한 사람이란 감정적으로 자신을 드러낼 수 있으며, 어떤 경우에도 무시, 비난, 멸시를 하지 않는 사람이다.

아내의 상처와 두려움에 대한 당신의 이해와 긍휼

한 마음은, 당신을 아내의 인생에서 가장 안전한 사람으로 인식하게 하며 더 깊은 친밀함을 갖게 해줄 것이다. 지난날의 상처로 고통받는 여자를 사랑하는 방법을 더 깊이 알기 원한다면, 내 유튜브 채널에서 "Loving the Wounded Wife 상처받은 아내를 사랑하기"를 찾아보기 바란다.[29]

아내의 두려움 줄이기

여자는 자신의 남자가 남편과 아버지로서의 역할을 잘 감당하길 간절히 바란다. 아내의 어깨는 아내로서의 책임과 함께 남편의 책임까지 다 지고 갈 만큼 튼튼하지 않다. 여성이 결혼 생활에서 스트레스를 느끼는 것은 자신이 짊어진 책임에 더해 남편의 것까지 함께 지고 있기 때문인 경우가 많다. 그녀는 굉장히 불안할 것이다. 왜냐하면 무거운 책임에 눌려 여러 가지를 돌보면서 그녀는 '혼자'라고 느

---

29. https://youtu.be/1lfns8MMMI8

끼기 때문이다. 불안과 두려움 속에서 아내의 마음은 병들게 된다.

아내를 판단하지 말고, 그녀의 타고난 연약함에 대해 생각해 보라. 아내를 제압하려는 것을 멈추고, 안전을 갈망하는 연약한 동반자로 바라볼 때, 남자의 보호 본능이 살아나기 시작하고 너그러움과 보살핌으로 아내를 대하게 된다. 아내를 연약한 존재나 남편의 '보호적 리더십'이 필요한 존재로 보지 않는다면, 남편으로서 아내를 실질적으로 이끌거나 보호하기 어려울 것이다.

> 아내를 연약한 존재나 남편의 보호적 리더십이 필요한 존재로 보지 않는다면, 남편으로서 아내를 실질적으로 이끌거나 보호하기 어려울 것이다.

다음 내용을 꼭 이해하기를 바란다. 아내가 되는 것은 남편이 운전하는 차에 타고 있는 승객과 같다.

승객인 아내는 남편을 의지하여 목적지까지 가게 된다. 그녀는 남편을 신뢰하여 차가 안전하게 정비된 상태이며 기름도 가득할 거라고 믿는다. 당신의 손에 자신의 안전과 안녕을 맡긴 것이다. 하지만 운전석에 앉아 핸들을 잡고 가는 것과 같은 가장의 책임을 온전히 이해하는 남자는 적기 때문에, 아내들은 불안과 두려움 속에 있을 수밖에 없다.

이 자동차 비유에서 여성은 남편이 운전석을 벗어나 자동차 뒷좌석에 앉아 발을 올리고 있는 모습을 볼 때, 가정의 생존에 대한 위협을 느낀다. 그래서 여성들은 운전석으로 몸을 날려 핸들을 잡고 최선을 다해 운전을 할 것이다. 여성은 시속 70마일^{약 시속 112km}로 질주하면서 남편에게 자신의 걱정거리를 말하려고 할 때 그녀의 음성은 단호할 수밖에 없다. 그런데 어리석은 남편은 아내의 말에 숨겨진 두려움을 발견하지 못하고 도리어 아내가 지나치게 강경하다며 비난하거나, 그런 강압적인 아내가 있는 자신을 불쌍히 여긴다.

가장으로서 당신의 리더십에 아내가 저항하는 것처럼 느낄 수도 있다. 하지만 아내가 단순히 남편의 리더십을 신뢰하지 못하는 거라고 넘겨버릴 것인가? 아내가 자신의 걱정이나 두려움을 당신에게 나누려고 할 때 방어적으로 행동하거나, 당신을 지적을 한다고 치부해 버리는가? 아내가 마음을 열고 자신의 연약함을 드러낼 때, 안쓰럽게 여기며 위로하는 대신 논쟁하는가? 누구라도 나의 말에 경청하지 않는 사람을 신뢰하기는 어렵다.

몇 년 전에 한 남성이 자신의 아내가 통제적이고 비판적이라며 부부 상담을 신청했다. 그 남성은 국제 사역 단체의 리더로 섬기고 있어서 혼자 다른 나라에 갈 일이 많았다. 우리가 상담을 위해 만났을 때, 그의 아내가 남편을 향해 이렇게 말하기 시작했다. *"당신은 날 사랑하지 않고, 아이들도 사랑하지 않아요. 당신은 자기 자신과 일밖에 몰라요. 나랑*

아이들은 언제나 찬밥 신세예요."

남편이 대답했다. *"말도 안 돼요! 어떻게 나한테 나밖에 모른다고 말할 수 있죠?"* 그리고 아내가 오해하고 있으며, 자신이 얼마나 아내와 아이들을 사랑하는지 증명하는 일화들을 열거했다.

나는 그를 바라보며 말했다. *"형제님, 고맙습니다. 형제님이 금방 아내 말이 옳다는 것을 증명하셨네요."* 그는 놀란 표정으로 나를 쳐다봤다.

"당신 아내가 당신이 자신밖에 모른다고 하자, 당신은 그게 아니라는 걸 증명하려고 자기 자신에 대해서만 말하고 있어요."

그는 여전히 놀란 표정으로 나를 보면서, 그게 사실이 아니라고 반박하지는 못했다.

나는 계속 이어갔다.

"형제님, 집에 3살 된 아들이 있지요. 만일 아들이 아빠에게, '아빠는 나 안 사랑해!'라고 말하면 뭐라고 대답하시겠습니까? 저도 압니다. 당신은 아이 앞

에서 어떤 사건을 말하면서 그가 틀렸다고 증명하지는 않을 거예요. 아마 작은 아이를 들어 올려서 당신 품에 꼭 안아주겠지요. 아이의 목에 뽀뽀하면서 말할 거예요. '아니야, 절대 그런 생각하지 마. 아빠는 너를 정말 사랑해.' 그리고 계속 뽀뽀를 하겠죠. 그러면 3살짜리 아들은 아빠의 사랑에 대해 더 이상 의심을 하지 않을 거예요. 왜냐하면 아들의 필요가 충족되었으니까요."

그는 웃으며 동의했다. 나는 이어서 말했다. "당신이 아들을 안아주고 뽀뽀하는 것은 사랑에 대한 논쟁이 아들에게 도움이 되지 않기 때문이지요. 생각할 것도 없이 즉시 당신은 아들을 안심시키고 얼마나 사랑하는지 알려주고 싶을 거예요. 그게 아들에게 가장 필요한 특효약이니까요."

"아내가 동일한 필요를 표현할 때, 자기 자신을 방어하고 아내의 말에 반박하는 것이 적절할까요? 만일 아내의 심적 상태를 진심으로 바라보고 아내의 마음속 외로움을 안다면, 당신이 아들에게 하는 것처럼 아내의 상처에 연고를 발라 주려고 노력해야 하지 않을까요? '아니야, 여보. 그렇게 느꼈다면 정말 속상하겠다. 당신이 사랑받고 있지 않다고 느끼게 해서 정말 미안해. 당신이 그런 생각을 갖게 했다니. 내가 어떻게 하면 좋을까?'와 같은 말을 할 수 있지 않나요? 어린 아들에게 표현하는 이타적인 사랑이 아내에게도 필요하니까요."

다행스럽게도 그 남편은 더 이상 아내를 통제적이고 비판적인 사람이 아니라고 생각하게 되었다. 남편은 마침내 아내가 이렇게 말하고 있다는 것을 알았다. "내 인생을 건 남자가 나를 좋아하거나 나와 함께 있고 싶어 하지 않는 것처럼 느껴져요. 남편이 출장을 간 동안 나는 단지 유모, 요리사, 가정부일 뿐이에요. 난 정말 외롭고 사랑받지 않는 것 같아요." 그는 아내의 마음을 이해했고 아내를 보호할 자신의 책임을 받아들였다.

수년 전 또 다른 일이 있었다. 나는 남미에 있는 한 선교사의 전화를 받았다. 그는 자신의 아내가 너무 직설적으로 말하고 통제적이어서 아내와 이혼을 생각하고 있다고 했다. 그리고 잠언 말씀을 인용하며 자기 자신을 정당화하려고 했다. *"다투는 여인과 함께 큰 집에서 사는 것보다 움막에서 사는 것이 나으니라."*[30]

이야기할 시간이 길지 않아서 나는 그에게 결혼 서약을 그렇게 가볍게 여겨서는 안 된다고 상기시켜 주었다. 그리고 이 장에서 다루고 있는 부분—남자는 아내를 긍휼한 마음으로 대해야 하며, 특히 아내가 스트레스를 표현하거나 자기표현을 할 때 더욱 그래야 한다는 내용—에 대해 말했다. 아내의 말뿐만 아니라 마음을 들어야 한다고 설명했다.

몇 주 후에 그는 내게 다시 전화를 했고 아내의 갑작스러운 변화에 대해 열변을 토했다. 나와 첫

---

30. (잠언 21:9)

통화를 한 그날 저녁, 아내가 또 이야기를 시작했는데 그는 평소와는 다른 태도로 그녀의 이야기를 들었다. 그리고 아내가 삶에 대한 '불평'을 시작하거나 남편의 잘못을 지적할 때마다 (후자의 빈도가 좀 더 잦았다고 말했다.) 아내가 하는 말 기저에 깔린 두려움을 알아내기 위해 더욱 경청했다. 그는 스스로를 방어하거나 아내가 틀렸다고 반박하려고 하지 않고 *아내에게 공감하며 아내의 고충 뒤에 숨겨진 두려움을 위로하고자 했다.* 그의 인정은 아내를 바로 부드럽게 만들었다. 그는 아내를 이해하기 시작했고 아내에게서 벗어나고자 하는 마음은 사라졌다.

앞서 강조한 바와 같이 여성이 삶에 대한 부담이나 불안감을 느낄수록 자신을 안전하게 지키려는 동기도 강해진다. 불행히도 아내가 통제적인 경향이 있다고 말하는 대부분의 남편은 아내가 자신을 존경하지 않거나 다투기를 좋아한다고만 볼 뿐이다. 만일 당신 역시 그랬다면, 아내를 향한 당신의 새로운 눈이 열리기를 소망한다. 아내는 당신의 이해와 안정을 원한다. 이것이 하나님께서 아내를 위해 남편에게 맡기신 일이다.

9장에서 우리는 무엇을 배웠는가?

1. 여성은 감정적으로 연약하기 때문에 가정의 미래에 대한 희망을 지켜내기 위해 통제를 한다.

2. 여성이 결혼 생활에서 스트레스를 느끼는 것은, 자신이 짊어진 책임에 더해 남편의 것까지 함께 지고 있기 때문인 경우가 많다.

3. 남자들은 스트레스를 받는 아내를 보며 좌절감을 느끼지만, 아내는 무거운 책임에 눌려 여러 가지를 돌보면서 '혼자'라고 느끼기 때문에 불안감으로 가득하다.

4. 남편이 아내를 보스가 되려는 사람으로 여기지 않고, 안전과 안정감을 갈망하는 연약한 동반자로 바라보기 시작하면 아내를 향한 보호 본능이 발휘되며 아내와 친밀한 관계로 나아가게 된다.

5. 우리는 아내의 호소 뒤에 숨겨진 두려움을 이해하고 공감함으로써 위안을 주려고 노력해야 한다.

사랑하는 형제 여러분, 이렇게 기도하십시오.

하나님 아버지,

저에게 귀한 아내를 허락하셔 감사드립니다. 제가 아내를 알도록 도와주시길 기도합니다. 아내를 바라볼 때 하나님 아버지의 눈으로 바라보며, 아내의 마음을 이해하도록 해주세요. 아내가 저를 공격한다는 생각이 들 때, 아내의 마음속 두려움을 파악할 수 있게 해주시고, 아내를 안심시킬 수 있도록 도와주시길 원합니다. 저의 말과 저의 눈빛을 통해 아내가 저에게 얼마나 귀한 보물인지 알게 되기를 소망합니다. 제가 사랑하는 아내를 온전히 존중하게 해주시고, 아내를 생존하거나 정복해야 할 적으로 보지 않고 제가 마땅히 보호해야 할 연약한 그릇으로 대할 수 있길 기도합니다. 저를 향한 아버지의 크신 사랑을 제가 깨달아 알도록 하셔서, 아버지의 사랑을 아내에게 넘치게 부어줄 수 있길 간절히 소망합니다.

저를 통해 아내가 아버지의 사랑을 받아, 아버지 하나님과 더 깊은 사랑에 빠지기를 원합니다. 예수님의 이름으로 기도합니다. 아멘.

10장

아내의
숨은 두려움
위로하기

아내는 미치지 않았다.
아내의 타고난 연약함은
아내를 쉽게 두려움에 빠지게 한다.

♥

하나님께서는 남자와 다른 측면들을 여자에게 심어 주셨다. 하나님께서는 더 많은 테스토스테론, 더 두꺼운 뼈, 더 많은 근육으로 남자를 창조하셨다. 남자는 더 공격적이며 몸싸움을 잘한다. 하나님 자신이 그의 백성에게 그러하듯 남자는 보호자로서 적격이다. 그리고 하나님께서는 그분의 감정적 깊이로 여자를 설계하셨다. 여성은 일반적으로 더 세심하고, 돌보기를 잘하며, 공감 능력이 있다. 여성은 자신의 연약함을 잘 알고 있고, 더 쉽게 두려움에 휩싸인다. 따라서 남성은 여성의 보살핌이 필요하고 여성은 남성의 보호가 필요하다.

여성의 안전에 대한 내재적 필요

영화 <식스 데이 세븐 나잇 Six Days Seven Nights>은 여성의 안전에 대한 요구를 정말 멋지게 잘 표현했다. 해리슨 포드와 앤 헤이시가 각각 남녀 주인공 '퀸'과 '로빈'역을 맡았는데, 이 둘은 퀸이 조종한 경비행기가 갑작스런 뇌우로 무인도에 불시착하며 같히게 된다. 유일한 탑승객이었던 로빈은 섬에 갇혀 아무것도 할 수 없게 되자 극심한 불안을 느낀다. 둘은 구조신호를 보내보려고 산 정상으로 올라간다. 그런데 그 계획이 실패하자 퀸은 절망적으로 변해 욕을 하며 몹시 흥분한 모습을 보인다. 그리고 로빈은 그에게 그런 행동을 다시는 하지 않길 간청한다.

로빈: 지금까지 당신은 자신감이 넘쳐있었잖아요. 당신은 해결할 수 있을 거예요.

퀸: 전 캡틴입니다. 그게 제 일이라고요! 공중에다 손을 흔들며 살려달라고 소리치는 건 내

머릿속엔 없는 일이라고요! "이런 제길! 우리는 이제 다 끝났어!" 어때요? 자신감이 전혀 없어 보이죠?

로빈: 그렇게 말하지 말아요. 계속 자신만만한 캡틴으로 있어 주세요. 당신마저 자신감을 잃으면 전 더 견디기 힘들어요.

퀸: 무슨 말인지 알겠어요. 이제 괜찮을 거예요.

로빈: 좋아요. 좋아요.

로빈은 뉴욕의 유명 패션잡지 편집장으로 당차고 독립적인 여성이지만 자신의 생존에 문제가 생기자, 그녀는 안전을 갈망하며 남성의 보호를 받고 싶어 한다. 놀랄 일이 아니다.

이어지는 장면에서 두 사람은 현대판 해적에게 쫓기게 되고 탈출하려고 도망을 가면서 다음의 대화를 나눈다.

로빈: 너무 무서워요.

퀸: 당신 기분이 좀 나아질 수 있다면 이렇게 말할게요. 저도 조금 무서워요.

로빈: 아니, 아니요. 전혀 도움이 안 되네요.

퀸: 전 여자들이 이런 걸 원하는 줄 알았어요.

로빈: 뭐라고요?

퀸: 때로는 용기 있게 울기도 하고 여성성이 좀 있는 부드러운 남자요.

로빈: 아니요. 해적에게 쫓기고 있을 땐 비정하고 강한 남자가 좋아요.

두 장면 모두 여성의 두려움과 함께 여성이 남성의 힘을 필요로 하는 모습을 잘 보여준다.

베드로전서 3장 6절에 하나님께서는 여성의 두려움에 대한 성향을 언급하신다. 하나님께서는 여자들에게 어떻게 좋은 아내가 되어야 하는지 지침을 주실 때 '어떤 일에도 두려워하지 않고'라는 말씀으로 마무리하셨다. 하나님께서는 여자들에게 교만, 질투, 탐욕에 관해 경고하지 않으셨다. 하나님은 여자들이 남편의 리더십을 신뢰하기가 얼마나 어려울지 아셨다. 그래서 좋은 아내가 되려고 노력할 때 두려움의 방해를 받지 않도록 경고하셨다.

아내가 당신과 결혼할 때, 그녀는 당신에게 마음을 주었다. 결혼식이 거행되는 중 어느 순간 그녀는 당신의 손에 자신의 마음을 맡긴 것이다. 그것이 얼마나 중대한 일인지 알지 못한 당신은 아내의 여린 마음을 차 열쇠와 함께 주머니에 넣고 매일 가지고 다닌다. 당신의 보살핌에 의존하고 있는 아내의 깨어지기 쉬운 특성은 깨닫지 못한 채, 함부로 다루고, 매일 밤 차 열쇠와 지갑과 함께 서랍장 위에 던져둘지도 모르겠다.

이 이야기의 흐름을 파악했는가? 아내는 감정적으로 취약하고 보호와 안전, 안정감을 원한다. 9장에서 언급한 것처럼 당신의 아내가 어떤 문제에 대해 입을 열 때, 동기가 되는 것은 두려움이다. 당신은 아내가 불평한다고 생각할 수 있지만, 실제로 아내는 두려운 상태이며, 자신이 느끼는 위협에 대한 경고의 신호를 보내는 것이다. 만일 아내가 당신의 잘못을 거듭 말한다면, 그것은 두려움 때문이며, 당신의 행동에 분명한 변화가 있기를 바라는 메시지이다. 아내가 당신을 몰아세운다고 생각할 수도 있지만 아내는 사실 걱정과 불안감 속에, 당신이 안심시켜 주기만을 바랄 뿐이다.

아내가 당신을 압박하는 부분은 어떤 것인가? 재정? 가족? 관계? 집? 가정? 여가 시간? 위생 관리? 건강? 설거지? 외로움? 여자가 갈망하는 것의 대부분이 신체적, 정서적, 재정적 등 안전에 대한 욕구에 뿌리를 두고 있다고 확신한다.[31] 그 영역들을 살펴

---

31. 이 글을 읽고 있는 여성분들께, 여성이 남성에게서 안정감을 찾는다는 생각에 불쾌감을 느끼지 않기를 당부한다. 남성은 연약하다고 인식하는 사람을 본능적으로 보호하지만, 지배력을 주장하거나 통제권을 놓고 경쟁하는 듯한 사람에게는 방어적인 태도를 취한다. 그리고 남성들은 아내를 연약한 그릇으로 바라보고, 아내의 말에 경청하고, 공감하며, 보호해야 한다.

보자.

재정: 아내는 부족한 재정으로 가족이 어려움에 닥치게 될 것을 두려워한다.

가족: 아내는 자녀의 안녕에 대해 걱정한다.

관계: 아내는 자녀와의 관계뿐만 아니라 건강한 부부관계에 대해 염려한다.

집: 아내는 집 상태에 대해 불안함을 느낀다.

가정: 아내는 필요한 가구나 가전제품 등이 적절하게 있는 것인지 고민한다.

여가 시간: 아내는 많은 책임감에 시달리며 휴식을 갈망한다.

위생 관리: 아내는 남편의 체취나 구취를 견딜 수 없을까 봐 두려워한다.

건강: 아내는 가족의 건강에 대해 걱정한다.

청결: 아내는 집안 곳곳에서 발견되는 더러운 옷과 그릇들을 참기 어렵다.

외로움: 아내는 남편이 함께 보내는 시간을 피하고, 자신에게 귀 기울이지 않는 모습을 보면 남편이 자신을 사랑하지 않는다는 두려움을 느낀다.

위 내용은 아내를 스트레스 받게 할 수 있는 영역 중 일부일 뿐이다.

안타깝게도 아내는 주로 격한 감정 상태로 걱정거리를 이야기하기 때문에 남편은 공격을 당했다고 느낀다. 아내가 남편에게 주목하고 있는 것처럼 보이나, 아내의 마음을 보면, 마음속의 두려움이나, 자신만의 생각에 사로잡혀있다. 아내는 가라앉는 배에 타고 있는 것처럼 느끼기 때문에 강한 어조로 말하게 된다. 아내는 선체의 구멍에서 물이 들어오는 것을 보고, 남편에게 위험을 알리고 있다. 안타깝게도 남편은 아내가 염려하는 문제 자체보다 그녀의 거친 어조에 더 신경을 쓰는 것은 아닐까? 남자들은 자신이 위협으로 인식하지 않는 상황에 대해 아내가 과도하게 반응하면, 이를 지나치게 감정적이라 여기고 신뢰할 수 없다고 판단해 버리곤 한다.

아내가 당신을 비판하는 것처럼 보인다면 잠잠히 아내의 말에 경청하라고 모든 남성에게 권한다. 아내의 말이 아닌 아내의 *마음*에 집중하라. 그 순간 아내를 두렵게 하는 것이 무엇인지 파악하기 위해 노력하라. 어쩌면 아내는 콕 찍어 말하기보다 일반적인 말로 마음을 숨길 수도 있다. 하지만 사실을 밝혀내어 아내의 마음이 편안해진 적이 있었는가? 아내에게 인정과 공감을 표현하고, 남편으로서 책임감 있는 모습을 보일 때, 그것이 바로 문제의 해결책이 될 수 있다.

남편이 아내에게 어떻게 상처를 주었는지 알도록 돕기 위해서 여기 상담 워크지의 질문을 남긴다. 8장에서 이미 제시했던 질문이지만 다시 검토하길 바란다.

아내가 당신에게 말을 거는데, 불평이나 잔소리, 공격하는 것처럼 느껴질 때, 어떻게 반응했나요?

— 방어적으로 반응하며 아내를 반박했다.
— 아내가 잘못 말한 부분을 바로잡아 주었다.
— 아내가 그렇게 느껴서는 안 된다는 것을 논리와 팩트로 설득하려고 했다.
— 분노와 거친 말로 아내를 위협했다.
— 아내의 정신 상태와 능력을 스스로 의심하게 하려고 노력했다.
— 아내가 더 화내지 않기를 바라며 아내 말이 끝나기만을 기다렸다.
— 자리를 피하거나, 화를 내며 집을 나갔다.

나는 대부분의 남성이 이러한 실수 중 몇 가지는 한다고 본다. 남자들에게 아내의 마음을 잘 들어보

라고 가르치며, 여성을 이해하는 전문가라고 하는
나 역시 여전히 아내의 감정을 이해하지 못하고 아
내를 가르치려고 할 때가 있다. 그렇기에 나도 잘 알
고 있다. 어떻게 해야 하는지 너무나 잘 알지만 때로
는 다른 남자들처럼 아내에게 반응할 때가 있다. 나
도 아내의 말보다 아내의 마음에 반응하는 더 성숙
한 남편이 되고 싶다.

공감하며 대답하기

잠시 하던 일들은 내려놓고 아내 이야기에 귀를
기울이며, 지금 내 아내의 두려움이 무엇인지 파악
하는 것을 목표로 해 보자. 그리고 두려움의 근본
원인이 무엇이든, 소리치거나 놀리려고 해서는 안
된다.

아내의 눈을 통해 상황을 파악하려고 노력하며 아
내의 감정에 공감하자. 공감을 담은 대답은 당신이
아내의 입장에서 감정을 느끼고 있음을 보여준다.

공감에 대한 이해를 돕기 위해서, 아래에 몇 가지 공감형 대답의 예를 보자.

"여보, 그거 진짜 힘들었겠다."

"와, (호칭), 정말 많은 일이 있었네."

"그때 너무 괴로웠겠다."

"당신 정말 외로웠겠네."

"같이 일하는 그 사람들이 당신의 진가를 잘 모르네."

"내가 당신한테 너무 많은 걸 떠넘겼지. 싱글맘처럼 느꼈을 것 같아. 정말 미안해. 내가 뭘 도와주면 좋겠어?"

"당신은 아이들만 위해서 살고 있네. 좀 쉬어요."

"어떻게 그렇게 헌신할 수 있는지 당신을 보면 정말 놀라워."

이해가 되는가? 공감을 표현하려고 "난 당신에게 공감해."라고 말하지 않는다. 아내의 입장에서 받는 고통이나 스트레스를 파악했다는 것을 표현할 수 있는 말을 해야 한다.

만일 당신이 스마트폰의 달력 앱을 열어서 아내를 위한 스케줄을 잡는 등의 행동을 보여준다면 아내는 남편이 자신에게 귀 기울이며 진심으로 노력하고 있다고 믿을 수 있을 것이다.

위와 같은 표현을 외워서 말하라고 하는 것이 아니다. 남편이 앵무새처럼 단순 문구를 흉내 내는 것을 아내는 바로 알아챈다. 공감 표현의 예시를 제시한 것은, 아내의 감정을 이해하는 남편의 진심 어린 말이 어떤 것인지 깨닫도록 돕기 위해서이다.

너무 늦었을까?

만약 아내가 이미 떠났거나 이혼을 요구하고 있다면, 내 웹사이트에서 결혼 생활의 위기를 극복하

는 데 도움을 받을 수 있다. 나는 오랜 시간 동안 많은 부부가 관계를 회복하는 모습을 지켜보았다.[32]

어떤 획기적인 방법이나 또 믿음을 강하게 하기 위한 영적 훈련 같은 것으로 두려움을 사라지게 할 수 없다. 우리는 예수님께 집중하고 언제나 그분을 바라보아야 한다. 주님이 우리 믿음의 근원이기에 시선을 그분께 두지 않을 때 우리는 가장 약해지며, 하나님을 바라볼 때 우리는 강해진다. 하나님을 바라본다는 것은 말씀 가운데, 또 기도 중에 주님께서 찾아오시고, 드러나시기를 간절히 기도하는 것이다. 예수님을 바라보며 그분께 간절히 나아갈 때, 당신이 또한 아내에게 주님을 드러낼 수 있기를 축복하며 기도한다.

---

32. http://www.ultimatehusband.com/appointments.htm

10장에서 우리는 무엇을 배웠는가?

1. 아내는 감정적으로 연약하며, 종종 두려움이 말과 행동을 결정하는 요인이 되기도 한다.

2. 당신은 아내가 불평한다고 생각할지 모르지만, 사실은 당신에게 자신이 느끼는 위협을 알리길 원하는 것이다. 만일 아내가 당신의 잘못을 거듭 말한다면, 그것은 두려움 때문이며, 당신의 행동에 분명한 변화가 있기를 바라는 메시지이다.

3. 아내들은 종종 우리 남편들이 공격받았다고 느낄 만큼 격한 감정으로 걱정을 털어놓곤 한다. 아내가 남편에게 관심을 집중하고 있는 것 같지만 마음속으로는 자기 마음속의 두려움을 함께 나누고 싶을 뿐이다.

4. 아내가 당신을 비판한다고 느껴질 때, 잠잠히 아내의 말에 경청하는 훈련을 해야 한다. 아내의 말이 아닌 마음을 헤아리려고 노력해 보자.

5. 아내에게 인정과 공감을 표현하고, 남편으로서 책임감 있는 모습을 보일 때, 그것이 바로 문제의 해결책이 될 수 있다.

사랑하는 형제 여러분, 이렇게 기도하십시오.

    하나님 아버지,

저에게 귀한 아내를 허락하셔서 감사드립니다. 제가 아내를 알도록 도와주시길 기도합니다. 아내를 바라볼 때 하나님 아버지의 눈으로 바라보며, 아내의 마음을 이해하도록 해주세요. 아내가 저를 공격한다는 생각이 들 때, 아내의 마음속 두려움을 파악할 수 있게 해주시고, 아내를 안심시킬 수 있도록 도와주시길 원합니다. 저의 말과 저의 눈빛을 통해 아내가 저에게 얼마나 귀한 보물인지 알게 되기를 소망합니다. 제가 사랑하는 아내를 온전히 존중하게 해주시고, 아내를 생존하거나 정복해야 할 적으로 보지 않고 제가 마땅히 보호해야 할 연약한 그릇으로 대할 수 있길 기도합니다. 저를 향한 아버지의 크신 사랑을 제가 깨달아 알도록 하셔서, 아버지의 사랑을 아내에게 넘치게 부어줄 수 있길 간절히 소망합니다. 저를 통해 아내가 아버지의 사랑을 받아, 아버지 하나님과 더 깊은 사랑에 빠지기를 원합니다. 예수님의 이름으로 기도합니다. 아멘.

하늘에 계신 우리 아버지,

시간을 내어 이 책을 읽은 형제들을 위해 기도합니다. 그들이 새로운 눈으로 아내를 바라보기를 간구합니다.

이 책을 읽고 아내를 진실하게 알며 아내의 마음을 이해하길 기도합니다.

아내가 자신을 공격한다고 느끼지 않게 하시고, 아내의 두려움을 알고 위로해 줄 수 있는 남편이 되도록 도와주시옵소서.

아내가 남편의 말과 눈빛을 통해 남편에게 얼마나 보물과 같은 존재인지 알게 해주시길 소망합니다.

그가 남편으로서 아내를 마땅히 존중해야 함을 기억하게 하시고, 아내를 적으로 여겨 생존이나 정복을 위한 삶을 사는 것이 아닌, 남편의 보호가 필요한 연약한 존재로 바라보게 하시길 원합니다.

남편들이 아버지의 크신 사랑을 알게 하셔서, 아내에게 그 사랑을 넘치게 부어줄 수 있길 간절히 기도합니다.

아내들이 남편을 통해 아버지의 사랑을 받아 주님과 더욱 깊이 사랑에 빠지게 해주시옵소서.

예수님의 이름으로 기도드립니다. 아멘

아내의 언어 판독하기

아내의 언어	방어적으로 들을 때	아내가 실제 의미하는 바	공감적 반응
나 할 말 있어.	나 불만 있어. (혹은) 당신 잘못에 대해 얘기 좀 해보자.	내 두려움과 스트레스를 알아주면 좋겠어. 그리고 나에게 신경 쓰고 있다는 걸 보여줘.	무슨 일이야, 여보? 당신 정말 힘들었겠다.
오늘 너무 힘들다.	당신보다 나은 남편을 만났으면 내 인생이 이렇게까지 힘들진 않았을 거야!	내 마음을 좀 알아줘. 당신의 도움이 필요해.	당신 오늘 정말 힘들었구나? 혹시 무슨 일 있었어?
나 화난 거 아니야.	나 지금 정말 화났으니까, 조심하는 게 좋을 거야!	나 지금 좀 힘들어. 당신이 나를 좀 알아주면 안정감을 느끼고 보호받는 기분이 들 것 같아.	지금 당신 마음이 좀 힘든 것 같네. 내가 어떻게 도와주면 될까?

아내의 언어	방어적으로 들을 때	아내가 실제 의미하는 바	공감적 반응
나 화났는데, 이유는 말 안 할 거야.	나 엄청 화났어. 당연히 당신 때문이지. 이유를 모르겠다면, 나도 말 안 할 거야.	내가 상처받은 이유를 말하면, 그냥 사과만 할 거고, 마음에서 우러나오지 않았으니 또 같은 잘못을 하겠지. 그게 두려워.	내 인생의 목표는 당신을 안전하고 편안하게 지키는 거야. 내가 그걸 못한 것 같네. 당신 마음을 편안하게 하려면 내가 뭘 해야할지 말해줘.
내 생일에 아무것도 하지 마.	당신 생일 선물 같은 건 필요 없어.	선물을 살 수밖에 없을 만큼 내가 소중하다는 걸 보여줘.	이거 당신을 위한 생일 선물이야. 너무 사주고 싶어서 참을 수가 없었어, 여보.
무슨 생각해?	지금 무슨 생각하는지 아무거나 말해봐.	내 생각을 하는지 얘기해줘.	당신을 만나 이렇게 함께 산다는 게 얼마나 축복인지 생각하고 있었지.
금방 준비 끝나.	시간 좀 걸리니까. 재촉하지 마.	나도 빨리 준비를 끝내고 싶어.	천천히 해. 여보. 나 할 일 하면서 기다리고 있을게.

아내의 언어	방어적으로 들을 때	아내가 실제 의미하는 바	공감적 반응
음식물 쓰레기 버렸어?	당신 도대체 집안일 도와주는 게 있어? 하는 게 아무것도 없네.	내가 지저분하고 냄새나는 걸 못 만지게 하면, 나는 여전히 당신에게 여자이고, 소중한 사람인 것 같아.	아이코, 깜빡했네. 미안해, 여보. 아들! 사랑하는 엄마 위해서 쓰레기 좀 치워줘. 하하하
도대체 집에 언제 오는 거야?	언제 오느냐가 중요한 게 아냐. 당신은 배려심 자체가 없어!	당신이 없는 집은 외롭고 무서워. 당신이 나와 함께 있고 싶지 않을까 걱정돼.	밖에 있을 때, 일 때문에 바쁠 때도, 나는 당신 만날 시간만 손꼽아 기다려.
내가 죽으면 재혼할 거야?	솔직히 말해봐. 내가 죽으면 다른 여자를 얼마나 빨리 찾을 생각인지?	나를 너무 사랑해서 다른 사람을 찾아볼 생각은 한 번도 해본 적이 없다고 말해줘.	죽는다니 왜 그런 말을 해? 그리고 재혼이라니! 내 사랑은 당신뿐이야. 다른 사람은 생각도 안 해봤어. 그러니까 앞으로 그런 말은 절대 하지 마.

아내의 언어	방어적으로 들을 때	아내가 실제 의미하는 바	공감적 반응
새벽 3시인데, 무슨 소리가 들렸어.	밖에 무슨 일이 생긴 것 같아. 나쁜 일이 닥칠지 몰라.	불안해서 잠이 안 와. 혼자 깨어 있고 싶지 않아. 무서워.	아무 일도 없을 거야. 안심해. 내가 지금 확인하고 와서 당신 등 쓰다듬으면서 재워 줄게.
이 옷 살쪄 보여?	솔직히 말해줘. 살쪄 보여? 어떻게 보이는지 대답해 봐.	당신에게 내가 여전히 매력적이라는 걸 듣고 싶어.	여보, 나한테 물으면 안 되지. 뭘 입어도 당신은 너무 예뻐.
나 사랑해?	"사랑한다"고 말해.	나 너무 지친 것 같아. 나의 가치를 확신시켜 줄 만한 말을 해주면 좋겠어.	이 세상 모든 아름다운 말로도 당신을 향한 내 사랑을 다 표현할 수가 없어. 내 눈을 보면 보이지 않아?
저 여자가 예뻐? 내가 예뻐?	당신 저 여자가 나보다 예쁘다고 생각하지? 딱 보니까 그렇네.	당신에게 내가 여전히 매력적인지 알고 싶어. 말해줘.	저 여자? 무슨 소리야? 자기랑은 비교가 안 돼. 당신은 정말 예쁘고 매력적이야. 예전이랑 똑같아.

가족 질문 게임

- 만일 영화에 출연할 수 있다면 어떤 영화에 어떤 역할로 출연하고 싶나요?

- 당신의 배우자에게 초능력을 줄 수 있다면 어떤 능력을 주고 싶나요?

- 만일 백만 달러가 주어졌고 다른 사람을 위해서 그 돈을 써야 한다면, 어떻게 사용할 건가요?

- 무인도에 혼자 고립된다면 꼭 챙겨가고 싶은 다섯 가지는 무엇인가요?

- 만일 남은 인생이 한 달뿐이라면, 어떻게 보내고 싶은가요?

- 진실게임으로 나에게 한 가지 질문을 할 수 있다면 무엇을 묻고 싶나요?

- 자신의 세 가지를 바꿀 수 있다면 무엇을 바꾸고 싶나요?

- 세상에 있는 사람 중, 세 사람과 각각 하루씩 보낼 수 있다면 누구와 시간을 보내고 싶나요?

- 죽음을 앞둔 순간에 누구와 함께 있고 싶나요?

- 세계 어느 레스토랑이라도 갈 수 있다면 어디로 가서 무엇을 주문하고 싶나요?

- 역사 속 인물 세 명을 만날 수 있다면 누구를 만나고 싶나요?

- 가장 창피했던 순간은 언제였나요?

- 가장 웃긴 기억은 무엇인가요?

- 가장 좋아하는 어린 시절 기억은 무엇인가요?

- 가장 좋아하는 음식은 무엇인가요?

- 당신이 생각하는 완벽한 식사는 무엇인가요?
- 당신이 입는 가장 좋아하는 옷차림은 어떤 건가요?
- 다른 사람이 제일 좋아하는 당신의 장점은 무엇이라고 생각하나요?
- 제일 좋았던 여행지는 어디인가요?
- 이 세상 어디든 갈 수 있다면 어디로 가서 무엇을 하고 싶나요?
- 과거로 돌아가서 한 가지를 되돌릴 수 있다면, 그것은 무엇인가요?
- 한 달의 휴가가 주어진다면 크루즈 여행을 하고 싶나요, 아니면 배낭여행을 하고 싶나요?
- 어린 시절에 당신에게 가장 큰 영향을 준 경험은 무엇인가요?
- 과거에 경험들 중에 다시 경험을 할 수 있다면 무엇을 하고 싶나요?
- 누군가의 인생을 대신 살아볼 수 있다면, 되어보고 싶은 사람이 있나요?
- 타임머신을 타고 10대(20대)의 나를 만난다면 무슨 말을 해주고 싶나요?
- 우리나라에 태어나지 않았다면 어떤 나라에 태어났다면 좋았을 것 같나요?
- 지금까지 살면서 가장 잘한 선택이 뭐라고 생각하나요?
- 당신을 가장 화나게 하는 것은 무엇인가요?
- 성경의 역사 중에 가보고 싶은 사건은 무엇인가요?
- 지금은 연락이 되지 않지만 찾아서 만나보고 싶은 사람이 있나요?

하와의 저주

　3장을 보면, 하나님께서 남성은 동료애 지향적으로 만드신 반면, 여성은 관계 지향적으로 창조하셨음을 다루었다. 하지만 여성의 관계 지향성을 더 깊게 하는 무언가가 있다. 하와가 저지른 죄로 인해 받은 저주는 여성과 남성의 차이를 만들었다.

　창세기 3장에 아담과 하와가 금지된 열매인 선악과를 먹은 후 우리 인간에게 어떤 결과가 초래되었는지 볼 수 있다.

> 16 또 여자에게 이르시되 "내가 네게 임신하는 고통을 크게 더하리니 네가 수고하고 자식을 낳을 것이며 너는 남편을 원하고 남편은 너를 다스릴 것이니라" 하시고 17아담에게 이르시되 "네가 네 아내의 말을 듣고 내가 네게 먹지 말라 한 나무의 열매를 먹었은즉 땅은 너로 말미암아 저주를 받고 너는 네 평생에 수고하여야 그 소산을 먹으리라" (창세기 3:16~17)

17~19절에 하나님께서 아담에게 말씀하시기를, 아담과 남자 후손들은 에덴동산에서 거저 얻었던 음식들 대신에 생계를 위하여 열심히 일해야 할 것이라고 했다. 16절에는 하와가 저지른 죄로 인해 여자는 해산할 때 큰 고통을 겪으며 남편이 아내를 원하는 것보다 더 아내가 남편을 원할 것desire이라고 하셨다.

어떤 성경학자들은 '원한다desire'에 속하는 히브리어는 '테슈카teshuwqah'로, '지배하기를 원하다'는 의미로 본다. 즉, 그들은 여성이 남성을 지배하기를 원하는 욕망 때문에 저주를 받았다고 믿는다. 하지만 만일 그렇게 풀이한다면 이 저주의 부정적인 영향은 하와가 아닌 아담에게 있을 것이다. 이 저주는 하와에게 주어진 것이다. 히브리어 '테슈카'가 '지배하기를 원하다'라는 의미가 아닌, 단순히 '원하다갈망' 임을 의미하는 것을 이해하는 것이 중요하다. 여성이 출산의 고통을 겪어야 하는 운명에 처한 것처럼, 남편은 아내에 대해 그 정도의 관심을 가지고 있지 않음에도 아내가 남편을 원하는 갈망을 가지도록 저주를 받은 것이다. 남자 또한 아내를 원하지만, 아내가 남편을 원하는 깊이만큼은 아닌 듯하다.

오늘날에도 이 저주는 남녀 모두에게 남아있다. 남성은 가족을 책임지고 가족 부양을 위해 열심히 일해야한다. 여성은 여전히 출산의 고통을 겪으며, 남편의 욕망 이상으로 남편과의 친밀감을 강하게 원한다.

그러면 아마도 여성이 남편에 대한 강한 갈망을 가진다는 의미가 무엇인지 궁금할 것이다. 하와의 저주에 대한 마지막 말씀에서 그 답을 찾을 수 있다. "…남편은 너를 다스릴 것이니라." 하나님께서는 하와에게 여자 후손들이 남자와 그의 리더십에 대한 필요를 본능적으로 갖게 될 것이라고 말씀하셨다. 남성과 여성 모두 '필요'라는 저주를 받은 것이다. 남성은 일할 필요가 있고 여성은 남성을 필요로 한다. 만일 남성이 일이 없으면,

의기소침해지고 우울감을 느낀다. 만일 여성이 남편을 원하지만, 남편이 약한 리더십을 보이면 그녀는 낙담하며 우울해진다.

이 부분을 주목해 본다면 남편은 자신에 대한 이해는 물론 아내를 이해할 수 있을 것이다. 아내는 이상한 것이 아니라, 남편과의 친밀한 관계가 필요한 것이다. 더 나아가, 아내는 남편의 지도력을 원한다. 여호와께서 하와에게 "남편은 너를 다스릴 것이니라."고 말씀하신 것은 그녀에게 남편의 지도력이 필요했기 때문이다.

BECOMING THE ULTIMATE HUSBAND (궁극의 남편 되기)
Like a Captain Through the Storm (폭풍 속의 선장처럼) - 8 sessions

Reconciling With Your Wife (아내와 화해하기)
The best plan for restoring broken marriages (깨진 결혼 생활을 회복하는 최선의 계획) - 44 page book

The Fatherhood of God (하나님의 아버지 되심)
Teaching fathers to be like God in tenderness and strength (온유하면서 힘 있는 하나님과 닮은 아버지가 되는 법) - 2 sessions

CHILD TRAINING TIPS What I wish I had known when my children were young (성경적 자녀양육 지침서: 더 늦기 전에 꼭 알아야 할) - 홈앤에듀 출판
A diagnostic manual for parenting (자녀양육을 위한 진단 매뉴얼) - 274 page book

Biblical Insights into Child Training (자녀 양육을 위한 성경적 통찰)
Establishing control in the home and raising godly children (가정에서의 통제 확립과 경건한 자녀 양육) - 8 sessions

Influencing Children's Hearts (아이들 마음에 영향을 미치는 것)
Parenting more than behavior (행동 그 이상의 자녀 양육) - 4 sessions

Parenting Teens with the Wisdom of Solomon (솔로몬의 지혜로 10대 자녀 양육하기)
Following Solomon's example of influencing teens (십대 자녀에게 영향

을 미칠 수 있는 솔로몬의 본을 따르기) - 6 sessions

Not Afraid to Have Children (아이 갖는 것을 두려워하지 않기)

A 10-step parenting plan that will help you not raise monsters (괴물을 키우지 않도록 도와줄 10가지 양육 계획) - 44 page book

Solving A Crisis in Christian Parenting (자녀양육의 위기 극복하기)

- 홈앤에듀 출판

Why so many prodigals? (왜 이렇게 탕자가 많은가?) - 96 page book

Managing the Mouth (입술 지키기)

Victory over complaining, arguing, gossip, & other poisons of the tongue (불평, 논쟁, 가십 등 혀의 독을 이기기) - 4 sessions

Motives of the Heart (마음의 동기)

A biblical study in pride and humility (교만과 겸손에 대한 성경 공부) - 3-6 sessions

The Forgotten Promises of God (잊어버린 하나님의 약속)

What the Bible says about suffering and persecution for God's people (말씀이 말하는 하나님의 백성이 겪는 고난과 박해) - 182 pages

Breaking Free (자유하기)

Escaping an Exclusivist Christian Group (배타적인 기독교 집단에서 탈출하기) - 82 page book

Materials by Beverly Bradley

KISS THE OTHER HAND (다른 손에 입맞추라)
(And other memories & lessons I treasure (내가 소중히 여기는 여러 추억 과 가르침들) - 70 page book

He Loves Me, He Loves Me Not (그는 나를 사랑해, 그는 나를 사랑 하지 않아)
What would happen if I really believed I was God loved by God?
(만약 내가 정말로 하나님께 사랑받는 존재라고 믿는다면 어떻게 될까요?)
- 6 sessions

You Can't Give What You Don't Have (당신에게 없는 것을 줄 수 는 없다)
Receiving and Giving the Love of God to Your Family (하나님의 사랑을 받 고 가족에게 나누어 주기) - 3 sessions

Keeper of the Home (가정을 지키는 자)
An inspiring look at the high calling of Christian womanhood (크리스천 여성의 고귀한 소명에 대한 영감을 주는 시각) - 1 session

WOMAN OF GOD: Controller or Servant?
Serving others vs. exhausting oneself controlling them (하나님의 여인: 통제자인가 종인가? 누군가를 섬기기 vs 누군가를 통제하는데 힘을 쏟기) - 4 sessions

You're Not Alone in the Journey (삶의 여정에 당신은 혼자가 아니다)
Jesus, Your Shepherd in the 23rd Psalm (예수님, 시편 23편에 나타나는 당 신의 목자) - 4 sessions

Rest For Your Soul (영혼의 안식)

Finding Rest for the busy woman (바쁜 여성을 위한 쉼 찾기) - 3 sessions

Falling in Love With God (하나님과 사랑에 빠지기)

Growing in passion for the One we serve (그분을 향한 열정 키우기)
- 4 sessions

Help for Those Who Have Been Hurt by Others (상처받은 사람들을 위한 도움)

Healing for those bound up by long-lasting hurt (오랜 시간 상처받은 자들을 위한 치유의 시간) - 1 session

The Romance of Prayer (기도의 로맨스)

Hearing the Heart of God (하나님의 마음 듣기) - 5 sessions

WARRIOR MOTHER (전사 어머니)

Fighting FOR the kids and not WITH them (자녀와 싸우지 않고 자녀를 위해 싸우기) - 1 session

Cultivating Tender Love for Your Children (내 자녀를 위한 따뜻한 사랑 키우기)

For mothers who run out of patience (인내심이 바닥난 엄마에게)
- 1 session

Waiting on God (하나님을 바라기)

Encouragement for the woman who are waiting longer than expected (예상보다 오래 기다리고 있는 여성을 위한 격려) - 1 session

Seasons of Womanhood (여성의 계절)

The callings upon women from their young "maiden" years through old age (처녀시절부터 노인이 되기까지 여자에게 주어진 소명) - 1 session

Becoming Your Husband's Helpmate (나는 내 남편의 돕는 배필입니다) - 홈앤에듀 출판

Overcoming fears and becoming a helpmate (두려움을 극복하고 돕는 배필 되기) - 1 session

Overcoming the Distractions of Motherhood (엄마의 삶을 방해하는 것 극복하기)

Keeping Priorities in Focus (집중을 위한 우선순위 지키기) - 1 session

God's Remedy for Weariness (연약함을 고치시는 하나님)

Refreshment for women feeling overwhelmed and exhausted (과부하로 지친 여성을 위한 회복의 시간) - 1 session

Teaching Your Children to LOVE One Another (자녀에게 서로 사랑하는 법 가르치기)

Avoiding or overcoming sibling rivalry (형제자매 간의 경쟁 극복하기) - 1 session

The Show Must Not Go On (쇼는 끝나야 한다)

Freedom from pretending (쇼에서의 해방) - 1 session

Strength For Today and Bright Hope For Tomorrow (오늘을 위한 용기와 내일을 위한 밝은 희망)

A deep breath for mothers who crave Strength & Hope (용기와 희망에 갈급한 엄마를 위한 깊은 호흡) *- 1 session*

FamilyMinistries.com

UltimateHusband.com

쎄자는 미치지 않았다

It Turns Out... Women AREN'T Crazy:
Understanding the Mind of A Woman

여자의 마음 이해하기

초판 발행	2025년 3월 20일
지은이	렙 브래들리
옮긴이	윤주란
발행인	박진하
편집	홍용선
펴낸곳	홈앤에듀
신고번호	제 379-251002011000011호
주소	경기도 성남시 수정구 탄리로80, 4층
전화	050-5504-5404
홈페이지	홈앤에듀 http://homenedu.com
패밀리	홈스쿨지원센터 http://homeschoolcenter.co.kr
	아임홈스쿨러 http://www.imh.kr
	아임홈스쿨러몰 http://imhmall.com
	아임홈스쿨러 페이스북 http://facebook.com/imhkr
판권소유	홈앤에듀
ISBN	979-11-978007-7-1
값	14,000원